F. MIREUR

ÉTATS GÉNÉRAUX DE 1789

PROCÈS-VERBAUX

DES ÉLECTIONS DES DÉPUTÉS

DES SÉNÉCHAUSSÉES DE

DRAGUIGNAN, GRASSE & CASTELLANE

— DRAGUIGNAN —

IMPRIMERIE OLIVIER ET ROUVIER, PLACE CLAUDE-GAY, 4

1891

ÉTATS GÉNÉRAUX DE 1789

1534

PROCÈS-VERBAUX

DES ÉLECTIONS DES DÉPUTÉS

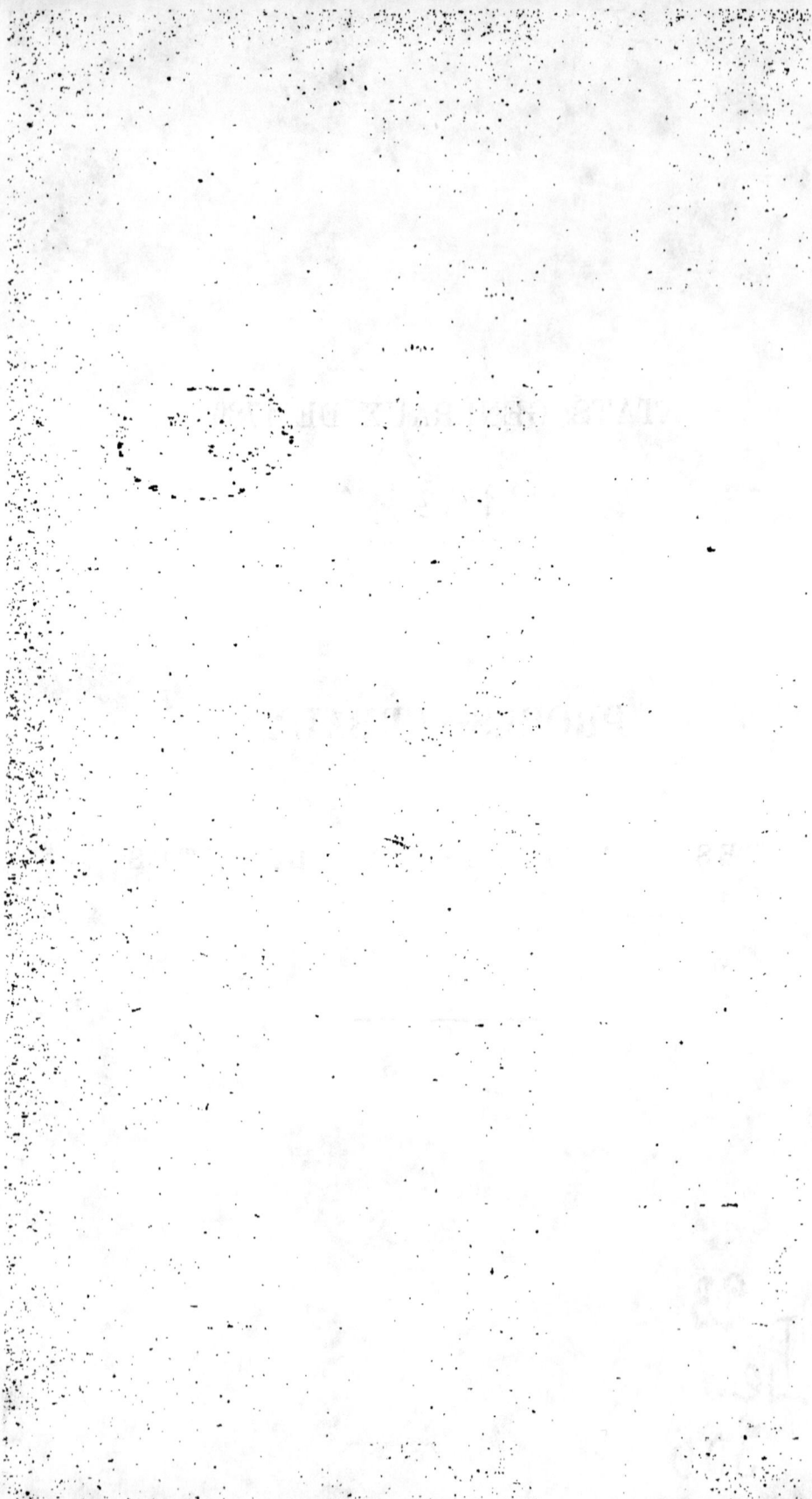

F. MIREUR

ÉTATS GÉNÉRAUX DE 1789

PROCÈS-VERBAUX

DES ÉLECTIONS DES DÉPUTÉS

DES SÉNÉCHAUSSÉES DE

DRAGUIGNAN, GRASSE & CASTELLANE

— DRAGUIGNAN —

IMPRIMERIE OLIVIER ET ROUVIER, PLACE CLAUDE-GAY, 4

1891

INTRODUCTION

Comme suite aux *Cahiers des doléances des communautés de la Sénéchaussée de Draguignan*, nous publions les procès-verbaux des élections des députés qui furent chargés de les porter, sous leur nouvelle forme, au sein des Etats Généraux. Ces élections eurent lieu à Draguignan, le 7 avril 1789, dans une assemblée plénière des délégués des trois Sénéchaussées, ou circonscriptions judiciaires, de Draguignan, Grasse et Castellane. Elles furent précédées, dans chacune de ces villes, de réunions générales des trois Ordres. Nous en donnons d'abord les procès-verbaux.

Selon les anciennes traditions de la Monarchie, c'est aux baillis et sénéchaux, officiers nobles d'habit court et d'épée, chefs purement nominaux des Sièges de justice, que fut confiée l'exécution des lettres du Roi, du 24 janvier 1789, convoquant les Etats. Toutes les formalités préliminaires, aussi bien que les opérations électorales elles-mêmes, s'accomplirent, d'après les règles strictes de la procédure, en leur nom ou sous leur présidence, huissiers et greffier prêtant leur ministère ou leur plume.

Le Sénéchal (1) fixa le jour de la convocation, suivant

---

(1) Là où l'office de Sénéchal était vacant, comme à Draguignan, le chef du Siège était un officier de robe longue dit lieutenant général, roturier ou de très petite noblesse.

ordonnance qui fut signifiée, par exploit, à une certaine catégorie d'intéressés, avec les lettres et règlements
du Roi et à la requête de son procureur. On déclarait
aux membres des deux premiers Ordres que, « faute
de se trouver [à la réunion], il serait donné défaut
contre eux ». tandis que les maires, échevins... fabri-
ciens », chargés d'assembler le Tiers-Etat, étaient menacés,
en cas d'inexécution des ordres royaux, « des peines qu'il
appartiendra ». D'ailleurs les dispositions, même les plus
libérales, prises pour obtenir, aussi complète que possible,
cette grande consultation du pays, avaient un caractère
coercitif.

On sait sur quelles bases eut lieu la convocation et à
quelle série de distinctions et d'épreuves graduées le choix
des électeurs avait été soumis par le règlement du 24 janvier. Tous les évêques ou abbés, les chapitres, corps et
communautés ecclésiastiques, tous les membres du Clergé
et de la Noblesse possédant bénéfices ou fiefs, furent
assignés, avec faculté pour ceux-ci de se faire représenter. Les corps et communautés réguliers des deux
sexes eurent à désigner un seul délégué chacun, sans
égard au nombre de leurs membres. Les chapitres,
plus favorisés, furent admis, avec les ecclésiastiques
attachés à leur service et les ecclésiastiques non bénéficiers
des villes, à nommer, les premiers, un délégué sur dix, et les
seconds un sur vingt, ces derniers sans avoir été assignés. De
même, les ecclésiastiques non résidant dans les villes et
tous les nobles non fieffés. âgés de 25 ans, furent tenus de
comparaître personnellement, sur simple convocation par
voie de publications et d'affiches, sans pouvoir envoyer
des procureurs. Le législateur avait sans doute voulu
contrebalancer ainsi l'influence de la fortune territoriale
par celle des personnes. On verra que cette admission en
nombre du bas clergé fut l'objet, dans la réunion des trois

Sénéchaussées, d'une protestation de la part du chapitre de Fréjus, restée d'ailleurs sans écho. Quant à celle de la petite noblesse, nous n'avons pas à rappeler les réclamations, aussi vives que vaines, qu'elle souleva en Provence dans le camp des gentilshommes possédant-fiefs, investis jusque là du privilège de nomination et d'entrée aux Etats de la Province.

Il y eut donc, exceptionnellement parmi le clergé, à la fois des électeurs du premier et des électeurs du second degré.

Un système particulier d'épurations fut appliqué à la grande masse des électeurs composant le Tiers-Etat des villes

Chaque corporation d'arts et métiers dut se réunir, sur la convocation de son syndic, averti par le maire, « sans ministère d'huissier, » pour nommer des délégués. Ici, par une disposition inverse de celle adoptée pour les deux premiers Ordres, on avait compensé l'infériorité numérique des corporations d'arts libéraux, ou des corps autorisés, en leur attribuant une représentation double de celle des métiers, c'est-à-dire 2 sur 100. Même avantage pour les bourgeois. Rien n'avait été stipulé à l'égard des paysans de nos villes qui, eux aussi, n'étaient pas organisés en corporations. Un second règlement, rendu le 2 mars, sur les réclamations de la Provence et spécialement pour elle, répara entre autres cette omission. Le Roi voulut traiter « la classe utile et intéressante des ménagers, des paysans propriétaires et des fermiers qui habitent les villes... », comme il avait fait de la classe la plus favorisée et lui octroya libéralement deux délégués sur 100 (art. 11).

Tous ces mandataires, groupés sous la présidence du maire, constituèrent « l'assemblée du Tiers-Etat de la ville », qui rédigea les premiers cahiers et députa à la Sénéchaussée, dans les proportions suivantes : Draguignan,

12 délégués ; Fréjus 6 ; Grasse 12 ; Antibes 6 ; Vence 6. C'était environ 1 délégué par 500 habitants et même beaucoup moins pour quelques villes (1).

Dans les bourgs ou villages, privés de corporations, « tous les habitants composant le Tiers-Etat, âgés de vingt-cinq ans..., compris au rôle des impositions », se réunirent en comice à l'hôtel-de-ville et désignèrent un délégué par 100 feux ou familles. Ceux-ci se rendirent directement à la Sénéchaussée, sans être soumis, comme leurs collègues des villes à une sélection.

Les populations ouvrières des cités, aussi bien que celles des campagnes, concoururent donc à l'élection, dans des proportions un peu différentes, mais les dernières plus médiatement, de telle sorte que la Provence où, grâce au morcellement des terres, beaucoup de paysans étaient déjà propriétaires, nomma ses députés au suffrage presque universel. N'exerçait-elle pas d'ailleurs le même droit de temps immémorial, pour le renouvellement annuel et parfois tumultueux de ses municipalités (2) ? Dans notre région, en particulier, exclusivement agricole et dépourvue de grands centres industriels, les campagnes, disposant d'une écrasante majorité, firent en réalité les élections.

La première réunion des Trois Ordres, ainsi représentés, fut tenue sous la présidence du Sénéchal ou du lieutenant

---

(1) V. le Tableau annexé au règlement du 2 mars.

Il est difficile de deviner sur quelles bases se fit cette répartition qui assimilait des centres de population très inégaux entre eux.

(2) V. la curieuse étude de M. Oct. Teissier : *Le suffrage universel et le vote obligatoire à Toulon en 1554 ;* Paris, Dumoulin, 1868, in-8° et *Les élections municipales en Prov...,* du même auteur (*Bulletin de la Soc. d'études de la v. de Draguignan* t. VII p. 317).

général, au chef-lieu de chaque Siège. Elle eut pour objet la *réduction* des cahiers et la nomination des électeurs, à raison du quart des délégués, double opération à laquelle chaque Ordre procéda séparément

Toutes les Sénéchaussées n'étant pas également assez importantes pour avoir droit à une députation spéciale, le règlement du 2 mars en réunit plusieurs en un même collège électoral. Trois seulement, Aix, Arles et Marseille nommèrent directement leurs députés. Les dix autres, y compris la Préfecture de Barcelonnette, furent divisés en trois groupes, égaux quant au nombre des électeurs du Tiers, uniformément fixé à 27. Dans l'un de ces groupes territoriaux, qui reconstituait en grande partie le ressort primitif de la Sénéchaussée de Draguignan, on adjoignit Grasse et Castellane à notre ville, redevenue le chef-lieu temporaire des deux Sénéchaussées, autrefois détachées de sa couronne.

Le 7 avril 1789 fut un jour mémorable dans nos annales, et il faudrait remonter bien haut vers notre passé, peut-être jusqu'à la réunion historique de la féodalité sous le dernier des Bérenger, en octobre 1235, ou aux sessions d'États tenues dans nos murs, pour rencontrer un concours aussi imposant des notabilités régionales. Là étaient accourus les dignitaires du clergé de cinq diocèses ou leurs représentants, les membres de la haute noblesse de Provence et ce que le Tiers comptait d'hommes éminents dans la robe, la bourgeoisie, l'industrie, le commerce, etc. Cette assemblée d'élite siégea dans la chapelle des RR. PP. Doctrinaires [1], sous la présidence d'un roturier, le lieutenant général Lombard de Taradeau, dont le nom devait sortir de l'urne, et chaque Ordre nomma séparément ses députés.

---

(1) Comprise dans les bâtiments actuels du collège.

La ville, qui avait fait l'accueil le plus sympathique aux électeurs, célébra la tenue de ces solennelles assises par des réjouissances populaires ; des sérénades furent jouées aux élus du Tiers-Etat et toute la jeunesse alla les féliciter et les escorta à leur départ (1).

A Grasse, la nomination des électeurs avait été marquée par un incident particulièrement saisissant, relaté au procès-verbal. Comme on venait de lire l'arrêt du Parlement contre les accapareurs de grains, dicté par une sollicitude plus réelle qu'éclairée, ce fut entre les trois Ordres un véritable assaut de générosité pour assurer la subsistance du peuple. La séance était présidée par un gentilhomme au nom illustre, 'qui avait déjà donné des preuves de son abnégation en renonçant, aux acclamations de l'assemblée, à tous ses privilèges nobiliaires. Le baron de Villeneuve-Vence, sénéchal, commence par offrir 100 charges de blé qu'il a dans ses greniers, au prix que la ville fixera elle-même, « regrettant de ne pas en avoir davantage ». L'évêque de Grasse donne 3,000 l. de sa bourse ; le mandataire de l'évêque de Vence se porte garant des dispositions bienfaisantes du prélat ; les curés, les chapitres, les religieux, le séminaire, le vicaire général de Grasse viennent à l'envi déposer ou promettre leur offrande. C'est une traînée de libéralités. La Noblesse ne veut pas rester en arrière du premier Ordre et s'inscrit pour 1,200 l.. Les députés des communes, généralement

---

(1) Ces détails, qui ont échappé aux documents officiels, souvent si incomplets, sont empruntés à un très intéressant journal personnel, rédigé par M. Mougins de Roquefort, maire et député de Grasse. Nous en devons la gracieuse communication au petit-fils de l'auteur, digne héritier de son nom et de son mérite, M. le conseiller honoraire E. de Mougins-Roquefort.

moins favorisés de la fortune, ne peuvent que protester
de leur dévouement et de leur vif désir de soulager autant
que possible la misère de leurs administrés. Cependant l'honorable maire de Grasse, Mougins de Roquefort, a
promis, non-seulement de diminuer le prix du pain, mais
encore d'en faire distribuer, lui et les consuls ses collègues, de leurs deniers personnels. Enfin, le commerce de
Grasse, rivalisant avec les deux premiers Ordres et dépassant même de beaucoup les efforts de la Noblesse,
n'offre pas moins de 2,400 l. Cet admirable élan, honneur
de la ville qui en eut l'initiative, montre assez quels
nobles sentiments faisaient battre à l'unisson tous les cœurs,
à la veille de la Révolution.

Aussi bien les manifestations de cette époque d'exubérante jeunesse respirent partout le même ardent enthousiasme, la même généreuse ivresse, cette foi toute
primitive dans un idéal de justice, de fraternité, de
bonheur dont l'humanité n'eut peut-être jamais l'illusion
aussi vive et aussi prochaine. Quelle grande victoire,
quelle délivrance inattendue, quel signalé bienfait furentils salués d'une explosion de joie comparable à celle qui
accueillit l'élection des députés et même la simple nomination des électeurs ! Il faut lire dans les relations du
temps les démonstrations invraisemblables que la ville de
Grasse, par exemple, fit éclater en l'honneur de deux de
ses élus, les frères Mougins de Roquefort, l'un vénérable
prêtre, premier curé de la paroisse, l'autre avocat, précédemment remarqué au barreau du Parlement, appelés
bientôt ensemble, par une exception des plus honorables, à
représenter leurs Ordres respectifs aux Etats Généraux.
L'avocat, confirmé pour la troisième fois comme premier consul, — dérogation flatteuse — jouissait d'une
grande popularité, due à son talent de parole, à

ses services publics (1), aussi bien qu'à son caractère. Son
nom s'imposait au choix des délégués de la Sénéchaussée
qui le désignèrent le premier et « par acclamation ». Le soir,
« à la comédie », il fut l'objet d'une ovation curieuse, tout-
à-fait renouvelée de l'antiquité. Un acteur et une actrice
de la troupe vinrent lui offrir, dans la loge consulaire,
une couronne de lauriers, et l'acteur débita ensuite une
pièce de vers, composée à la louange du triomphateur. Dans
l'assemblée de la Sénéchaussée avait été lu un autre
dithyrambe à son adresse, dont nous détacherons seulement deux vers qui donnent la mesure naïve de ce que
la nation attendait alors de ses mandataires :

> Souviens-toi bien des maux dont un peuple accablé
> Se flatte, par ta voix, de se voir soulagé.

Il est presque inutile d'ajouter que l'élection des députés
fut célébrée sur le même mode par la muse dont les inspi-

---

(1) L'avocat Mougins de Roquefort, député aux Etats Généraux
de la Province en 1787, s'y était fait remarquer par sa fière attitude.
C'est lui qui rédigea la protestation contre l'inégale représentation
des Ordres, déposée dans les minutes d'un notaire, et suivie de l'en-
voi d'une supplique au Roi, demandant la convocation générale des
trois Ordres. Cet acte de courage le signala à l'attention et à la
reconnaissance du Tiers et lui valut les plus flatteuses ovations.
« Il produisit dans la ville d'Aix, écrit-il lui-même, une sensation
étonnante. En allant chez M. le Commandant, j'y fus suivi d'un
peuple immense, qui applaudissait à ma vue, et qui s'écriait :
Vive le Maire de Grasse, défenseur du Tiers-Etat! Je fus également
applaudi au spectacle. Il est indicible et il serait difficile de retracer
les explosions de patriotisme que l'on fit à mon égard ».
(Journal personnel déjà cité). (Cf. le remarquable ouvrage: *Mirabeau et la Prov. en 1789*, par Georges Guibal, professeur de la
Faculté des lettres d'Aix, Aix, Illy-Brun, 1889. p. 107, etc).

ations, rsouvent plus heureuses, avaient été rarement
aussi sincères (1)

Il nous a paru que les documents officiels sur les assemblées qui remuèrent à ce point le pays et firent époque dans
son histoire, méritaient d'être recueillis et publiés pour
l'honneur de ceux qui y concoururent et pour notre propre
enseignement. La généreuse et vaillante génération de 1789
a bien droit, malgré son grain d'utopie, à cet hommage
posthume, et il n'est pas sans intérêt ni peut-être sans
profit pour les arrière-neveux de savoir comment et par
qui furent nommés ceux qui fondèrent la France moderne.

Aussi en publions-nous les textes *in extenso*, dans leur

---

(1) *Pièces fugitives en vers adressées à M. Mougins de Roquefort,
maire, premier consul de la communauté de la ville de Grasse à son
retour des prétendus Etats de Prov.* (1789 in-8° s. d., l., ni n. d'i.,
13 p.) Cette rarissime plaquette, à laquelle nous avons fait les
précédents emprunts, contient notamment une ode à l'avocat
Mougins de Roquefort, député aux Etats-Généraux, signée *Ogier,
de Cogolin, habitant de Grasse.* Tous les grands noms de l'antiquité
y défilent, un peu éclipsés naturellement par le rayonnement des
gloires locales. Mais le poëte retrouve quelquefois la note plus
juste, notamment quand il dit au député du Tiers Etat de Grasse :

> Quel hommage flatteur ! un peuple entier t'adore,
> Tous les vrais citoyens s'empressent à l'envi
> D'honorer le mérite en celui qui l'honore
> Et de faire éclater son juste amour pour lui.

Ou lorsque, parlant des autres députés du Tiers, il s'écrie :

> Vous aussi citoyens, du Tiers Etat l'élite,
> Vous sur qui la patrie a dû fixer son choix,
> Taradeau, Verdollin, Sieyès, dont le mérite
> A déjà sur nos cœurs de légitimes droits,
>
> Concourez à fixer le bonheur de la France ;
> Pour briser notre joug, unissez vos efforts.

aridité prolixe. De cet amas encombrant de formules de
palais, de détails oiseux, d'énervantes redites, se dégage
en somme, avec sa fidélité matérielle, la physionomie de
ces séances mémorables sur lesquelles on sent déjà passer
le souffle tout puissant de la Révolution qui courbe, dans
leur volonté hautaine, ceux qu'il n'a pas entraînés : « Nous
avons *forcément* transcrit... le modèle de cette déclaration »,
dit mélancoliquement la Noblesse de Draguignan en rendant
au futur conventionnel Isnard la plume dont elle vient de
signer, sous ses yeux, sa propre abdication. Mais, à côté
de ces réticences, que de concessions loyales, de sacrifices
pleins d'abnégation et quelle noble émulation de tous dans
le dévouement au bien public ! Si décolorées soient-elles
dans la prose banale du greffier, certaines pages retracent
des scènes historiques non sans caractère, qui pénètrent
de respect et parfois d'admiration.

Il n'est pas jusqu'à la monotone nomenclature des
noms, la plupart très obscurs, qui n'ait son intérêt : nos
compatriotes, érudits ou simples curieux, y trouveront,
les uns, un renseignement biographique, les autres un
honorable souvenir local ou de famille (1).

Enfin ces procès-verbaux nous exposent en détail les
complications d'une procédure électorale généralement
assez peu connue. Ils font mouvoir, sous nos yeux, les
rouages multiples du laborieux mécanisme imaginé pour

---

(1) Quelques-uns de ces noms ont été tellement maltraités dans
le *Catalogue des gentilshommes de Provence* de Louis de la Roque
et Ed. de Barthélemy (Paris, A. Aubry et Dentu, 1861, in-8º), que
la publication d'un meilleur texte n'était pas inutile. Ainsi tous les
de Riouffe y ont été défigurés en *de Riousse ; Périer* de la Garde
en *Perrin* de la Garde ; *d'Aillaud de Méouilles* en *Daillaud de Mer-
ville ;* de Brun *de Favas* en de Brun *de Sarras*, etc.

assurer, dans une mesure libérale pour l'époque, la double
représentation des personnes et des intérêts, « les légitimes
prérogatives de l'éducation, de la culture d'esprit et jusqu'à
un certain point de la position sociale (1) ». On y voit que le
vote avait été établi sur des bases assez larges, et que l'assemblée des Etats pénétrait par ses racines dans les couches
profondes de la Société : « les Etats ne peuvent être généraux, si la représentation n'est pas universelle », disait le
Règlement du 2 mars. L'abus du formalisme qui en alourdit
et en allonge inutilement la rédaction, au point d'en rendre
la lecture souvent fatigante, n'est que l'excès d'un principe
tutélaire dont l'application fut une sauvegarde précieuse.
N'est-ce pas à l'intervention impartiale et minutieuse de la
loi, loyalement provoquée par la Royauté, que les opérations électorales durent de s'accomplir avec cette régularité
et de produire, dans une liberté entière, une des manifestations les plus imposantes et les plus sincères de l'opinion?

---

(1) Georges Guibal, ouvrage déjà cité, p. 154.

PROCÈS-VERBÁL

de l'assemblée des trois États de la Sénéchaussée

de Draguignan

L'an mil sept cent quatre-vingt-neuf, et le vingt-sept mars, à 8 heures du matin, à Draguignan, dans l'église des RR. PP. Prêcheurs, et par devant nous Jacques Athanase de Lombard, seigneur de Taradeau, conseiller du Roi, lieutenant général civil et criminel en la Sénéchaussée de cette ville de Draguignan en Provence, président en qualité de commissaire du Roi, en présence de MM. Honoré Thomé de la Plane, conseiller procureur du Roi, et assisté de Mᶜ Honoré Thouron, greffier en chef de cette Sénéchaussée ;

Ont été assemblés les gens des trois États de cette Sénéchaussée, assignés par exploits, proclamations, affiches et cri public, en exécution des lettres du Roi du 2 de ce mois et de notre ordonnance du 14, conformément aux règlements du 24 janvier dernier et 2 de ce mois pour la convocation des États Généraux du Royaume.

A laquelle assemblée ont comparu et ont été inscrits sans distinction de rang, dignité, ni préséance, savoir :

DANS L'ORDRE DU CLERGÉ

Illustrissime et révérendissime seigneur Emmanuel-François de Bausset de Roquefort, évêque de Fréjus ; MM. Jean-Martin Cavalier, prévôt ; Joseph-Marie Coulomb, chanoine théologal, député du chapitre de l'église cathédrale de Fréjus ; André-César de Montgrand, vicaire général de Fréjus, prévôt de l'église collégiale d'Aups, en qualité de décimateur de ladite ville et de procureur fondé de M. Antoine Gerbaud, curé de Cotignac ; Jean-Gilbert Gaston, curé de Sainte-Maxime, et en qualité de procureur fondé de M. Joseph-Pierre Trigance, curé de Grimaud, et de M. Antoine Reboul, curé du Revest ; Pierre-François-Xavier Peyre, prêtre, supérieur de la maison de l'Oratoire de Notre-Dame des Grâces de Cotignac, député de ladite maison ; Jean-Antoine Ardisson, prêtre, en qualité de procureur fondé des dames religieuses de Saint-Dominique de Fréjus ; Jean-Honoré Chabriel, prieur-curé de La Garde-Freinet, et procureur fondé de M. Jean-Louis Roux, curé de La Moure ; Jacques Revel, curé-sacristain de l'église collégiale et paroissiale de Lorgues, et procureur fondé de M. Jacques-Antoine Vaquier, curé de Taradel ; Barthélemy Escalon, prêtre, procureur fondé des dames religieuses de la Visitation de cette ville ; Jean-François-Joseph Textoris, prêtre, en qualité de procureur fondé de M. Joseph Textoris, prieur chapelain de Notre-Dame des Anges de Flayosc ; Jean-Joseph Audibert,

vicaire général de Fréjus, prieur de Saint-Vincent de
Trans, et procureur fondé de M. Joseph-Marie de
Bausset-Roquefort, prieur de Saint-Nicolas d'Esclapon ;
Côme Mingaud, prêtre, député des ecclésiastiques
de la ville de Lorgues, et procureur fondé du corps
des bénéficiers de l'église collégiale de la même ville ;
Jean-Joseph Maiffredy, prêtre, prieur de Saint-Louis
de Saint-Raphaël ; Thomas-Auxile Pellicot-Seillans,
prieur-curé de Seillans ; Pierre Thadei, chanoine,
député du chapitre de l'église collégiale et paroissiale
d'Aups ; Pierre Antelmy, curé de Châteaudouble ;
François Brieu, curé de Montferrat ; Jean – Baptiste – François Gassier, vicaire général de Fréjus,
prieur-curé de Flassans, et procureur fondé de
M. Auguste-Jean-Baptiste-Marie d'Hotman, prieur de
la chapellenie de Saint-Pierre et Sainte-Catherine du
Luc ; Joseph-Ferréol Lombard, prêtre, député du
chapitre de l'église collégiale et paroissiale de cette
ville ; Honoré-Alexandre Allaman, prieur-curé de
Trans ; Joseph Rimbaud, prêtre, député de la
communauté des PP. de la Doctrine Chrétienne de
Draguignan ; Barthélemy Borrely, clerc tonsuré,
bénéficier de la collégiale de cette ville et prieur de
Notre-Dame de l'Ollivier de Figanières ; Dom-Jean-
Baptiste de Mareschal, prêtre, député de l'abbaye du
Thoronet, ordre de Citeaux ; Jean-Joseph Garcin,
prieur – curé de Saint – Tropez ; Honoré – Maxime
Bouret, curé de Trigance, et procureur fondé de
M. Joseph Courbon, prêtre supérieur et économe
du séminaire de Riez, prieur décimateur de la terre
d'Estelle ; Antoine Chautard, prieur de Saint – An-

toine et Saint-Étienne de Bargemon, et de Notre-Dame du Rosaire et de Saint-Honoré de Callian ; Pierre Maurel, prêtre, chapelain de Saint-Pierre de Flayosc, et procureur fondé de M. Joseph Issaurat, recteur des chapelles Saint-Jacques, érigée dans la chapelle de l'hôpital Saint-Jacques de Draguignan et Notre-Dame du Rosaire, érigée dans la paroisse de Mons ; Pierre Fruchier, prêtre, député des bénéficiers de l'église cathédrale de Fréjus ; Jean-Étienne Chautard, prêtre, député du chapitre de l'église collégiale de Lorgues; Jean-Étienne Myttre, curé de Comps, et procureur fondé de M. Joseph Rey, curé de Montauroux ; François Raybaud, curé de Roquebrune ; Charles-Albert Reverdit, curé de Salernes, et procureur fondé de M. Jean-Pierre-André Rolandy, curé de Tavernes ; Jean-Charles Moriés, curé du Cannet ; Joseph Latil, prieur de Saint-Hermentaire de cette ville ; Joseph Savournin, prieur de Saint-Antoine de Salernes, et procureur fondé de M. Barthélemy-André Savornin, curé du Luc ; Étienne Pascal, curé de Bagnols, et prieur de Sainte-Catherine de Séranon ; Antoine-François de Matti de Latour, prieur de Notre-Dame du Muy. Jacques-Christophe Meissel, curé de Vérignon ; Joseph Stable, prêtre, Doctrinaire, procureur fondé de la maison des Doctrinaires de Seillans ; Honoré-Emmanuel Jean, prêtre, député des bénéficiers de l'église collégiale d'Aups ; Joseph Taxil, curé de Tourtour ; Pierre Moutton, curé de Flayosc, et procureur fondé de M. Jean-Baptiste Fruchier, prieur de Saint-Vincent dudit lieu ; Jean Martin, curé de

Claviers ; P.-Joseph Basset, député de la communauté des RR. PP. Minimes de Draguignan ; Louis Laugier, curé de Bargème ; Honoré-Donat Gaïtte, prieur de Callian ; Louis Nouvel, prêtre, député des ecclésiastiques de Callas, et procureur fondé de M. Jean-Joseph Rey, prieur de Saint-André de Ramatuelle ; Louis Chautard, prêtre, prieur de Sainte-Madeleine des Arcs ; Jean-Baptiste Pothonier, curé de Carcès ; Bruno Broquier, curé de Gassin ; Alexandre Gardiol, curé de Callian, et procureur fondé de M. Antoine-Boniface Mougins de Roquefort, prieur de Saint-Jean-Baptiste de Mons ; Jean-Jacques Rouvier, prieur de l'hôpital de Draguignan ; Jean-Joseph Chiris, curé de Tourrettes, et procureur fondé de M. Jean-Esprit Chiris, recteur de la chapelle Saint-Pierre de Séranon ; Henry-Antoine Chiris, curé du Puget ; Jean-François Genis, curé de Villecroze ; Joseph-Pons-François Gros, curé de Figanières ; Honoré Malespine, prêtre bénéficier de cette ville ; P. Jacques Blanc, Prêcheur, député des RR. PP. Prêcheurs de Fréjus ; Joseph Cavalier, curé d'Esclans ; P. François Germain, prêtre, député des PP. Observantins de Carcès ; P. Antoine Segondi, prêtre, supérieur et député des RR. PP. Grands Augustins de cette ville ; P. François Troin, prêtre, supérieur, syndic et député des RR. PP. Cordeliers de cette ville ; Étienne Fabre, chanoine régulier, prêtre, supérieur et député de la maison des chanoines réguliers de la Sainte-Trinité de Lorgues, et procureur fondé des dames religieuses Ursulines de la même ville ; Gabriel Tournel, curé de Moissac ;

Pierre-François Poulle, prêtre, procureur fondé des dames religieuses Ursulines d'Aups, et des prêtres habitués et domiciliés dans la même ville ; Père Casimir Jauffret, prêtre, député de la maison des Pères Augustins Réformés d'Aups ; Père Antoine Abram, prieur, député des RR. PP. Prêcheurs de Draguignan ; Antoine-François Caille, curé de Callas, et procureur fondé de M. André-Benoît de Mas, curé de Régusse ; Jean-Baptiste Camail, curé de Vidauban ; Joseph Héraud, curé de Fréjus, et procureur fondé de M. Pierre-François Maurine, autre curé de la même ville ; Honoré Regis, curé de Bargemon, et procureur fondé de M. Antoine Ricard, recteur de Notre-Dame de La Colle-lès-Narbonne de Montouroux ; Pierre-Dominique Gras, curé de La Roque-d'Esclapon ; Mathieu-Claude Gay, curé des Arcs ; Jean-Drac Renom, prêtre, prieur de Notre-Dame de Montserrat de Draguignan, et procureur fondé de M. Joseph Chiris, curé de Brovès ; Jean-André Barbarié, curé du Cannet ; Joseph Guignon, curé de Fayence, et procureur fondé de M. Étienne-Charles Pelassy, curé de Mons ; Pierre-Toussaint Chauvet, curé de La Môle ; Jacques Blanc, prêtre, procureur fondé de M. Étienne Brieu, prieur décimateur de Saint-Michel de Figanières ; Jean-Baptiste Savournin, curé de Saint-Raphaël ; Joseph Girard, curé d'Aups ; Honoré Reynaud, curé d'Ampus ; Jean-Louis Guignon, curé du Muy.

DANS L'ORDRE DE LA NOBLESSE

MM. Honoré-François de Perrache, chevalier, seigneur d'Ampus, maréchal de camps et armées du Roi, chevalier de Saint-Louis, et procureur fondé de M. François-Xavier de Ravel, seigneur d'Esclapon, ancien lieutenant-colonel des dragons, chevalier de Saint-Louis ; Antoine-Joseph Perrot du Bourguet, ancien capitaine des vaisseaux du Roi, chevalier de Saint-Louis, et procureur fondé de M. Jean-François vicomte de Rafélis-Brovès, colonel à la suite du régiment de la marine, lieutenant pour le Roi d'Aiguesmortes, chevalier de Saint-Louis ; André de Raimondis. Jacques-François-Melchior de Sassy, et procureur fondé de M. Louis-André de Chieusse-Combaud, seigneur de Roquebrune ; Antoine de Brun de Favas, capitaine des vaisseaux du Roi, chevalier de Saint-Louis ; Étienne de Blanc, seigneur des Salètes; Antoine de Raimondis-Canaux ; François-Madelon-Melchior de Raimondis-Canaux, capitaine des vaisseaux du Roi, chevalier de Saint-Louis, et chargé des pouvoirs de M. de Jouffrey, chevalier ; Étienne-Dominique de Raimondis, ancien capitaine des vaisseaux du Roi, chevalier de Saint-Louis ; Antoine de Giraud d'Agay, ancien capitaine des vaisseaux du Roi, chevalier de Saint-Louis, et procureur fondé de M. François de Giraud d'Agay, ancien capitaine des vaisseaux du Roi, brigadier de ses armées, et chevalier de Saint-Louis ; François-Charles Héraud, ancien lieutenant des vaisseaux du Roi, chevalier de Saint-

Louis, et procureur fondé de dame Claire Maurel, veuve de M. Louis Reboul de Taradeau, président trésorier général de France ; Jules Martin de Pontevès - Bargème, et en qualité de procureur fondé de M. Alexandre-Gaspard Balthazar de Villeneuve, des premiers marquis de France, seigneur de Flayosc, Valbourgès, Seillans, Gars, et autres places ; François-d'Audibert-Caille du Bourguet, ancien garde du Roi, capitaine de cavalerie, chevalier de Saint-Louis, et procureur fondé de M. Honoré-Antoine-Marie de Court, seigneur d'Esclapon ; Pierre-Emmanuel Rey du Puget de Taradeau ; Jacques-Auxile Verrion d'Esclans, commissaire des guerres ; Jacques-Paul-Sextius-Joseph de Périer, seigneur de La Garde, et en qualité de procureur fondé de M. François-Antoine Balthazar de Villeneuve de Flayosc, ancien lieutenant des vaisseaux du Roi ; Henry - Auguste de Collomb de Seillans, chef d'escadre des armées navales du Roi, chevalier de Saint-Louis ; Louis-Henry de Villeneuve, des Comtes de Barcelonne, marquis de Trans, premier marquis de France, comte de Tourrettes, seigneur de Pibresson et autres places, colonel d'infanterie, chevalier de Saint-Louis ; Pierre d'Hert, ancien capitaine commandant du régiment de la Reine, chevalier de Saint-Louis ; Louis-Jean-Baptiste de Leclerc-Lassigny, chevalier, et en qualité de procureur fondé de M. Louis-André de Commandaire de Taradeau ; Christophe de Villeneuve, chevalier, seigneur de Bargemon, Vauclause, Saint-Auban et Castillon, chevalier de Saint-Louis ; Elézar-Joseph-Alexandre de Baudrier, chevalier, seigneur de Châteaudouble, Rebouillon et La Valette.

DANS L'ORDRE DU TIERS ÉTAT

Députés de la communauté de Draguignan

MM. Marc-Antoine-Hercule Jordany, avocat ; Joseph Clérion, négociant ; Augustin-Hugou-Lange, maître en chirurgie ; Maximin Isnard, cadet, négociant ; Pierre-Emmanuel Pierrugues, avocat ; Joseph-César-Augustin Garciny, avocat ; François-Antoine-Hermentaire Giboin, avocat ; Jean-Baptiste-Alexandre-Chrisostôme Tolon, lieutenant particulier criminel et premier conseiller au Siège de cette ville ; Jean-Honoré-Marc Gattier, procureur au Siège ; Étienne Reboul, négociant ; Jean Bernard, marchand ; Augustin Fabre, ménager.

Députés de la communauté de Fréjus

MM. François Peironcelly, médecin ; Barthélemy Siéyes, avocat ; Esprit – Louis Lambert, médecin ; Antoine Laurens, bourgeois ; Jean Pascal, maître des Postes ; Barthélemy Malaussan, négociant.

Députés de la communauté de Villecruze

MM. Joseph Vassail, consul ; Louis-Joseph Suou, bourgeois ; Jean-Baptiste Imbert, négociant.

Députés de la communauté de Roquebrune

MM. Joseph Marenc, maire ; Paul-François Daulaus, avocat ; François Jehan, négociant ; Antoine Cauvin, notaire.

Députés de la communauté de Ramatuelle

MM. Jean-François Tournel, maire ; Jean-François Martin de Lestagne, avocat.

Député de la communauté de Vérignon

M. Jean-Jacques Chabert, négociant.

Députés de la communauté de Lorgues

MM. Jean-Joseph Clapiers, avocat, maire, premier consul ; Augustin Boyer, négociant, troisième consul ; Joseph-Victorin Perrimond, médecin ; Honoré Auzivizier, bourgeois.

Députés de la communauté de Saint-Tropez

MM. Louis Antiboul, ex-maire ; Martin, sieur de Roquebrune ; Auguste Laborel, trésorier des Invalides ; Charles-Tropez-François Maille, fils, avocat.

Députés de la communauté du Luc

MM. Louis Charles, bourgeois ; Charles Lebas, bourgeois ; Jean-Baptiste-François Maurin, notaire ; Jacques-Honoré Bas, avocat.

Députés de la communauté de la Môle

MM. Jacques Senéquier, maire, premier consul; Eugène Ricard, avocat.

Députés de la communauté de Bagnols

MM. Victor-Véran Chautard, bourgeois ; Jacques-Autran, bourgeois.

Députés de la communauté de Sain... Maxime

MM. Charles-Tropez Hermieu, maire ; Magloire Alliez, notaire, avocat et greffier de la communauté.

Députés de la communauté de Tourtour

MM. Étienne-Honoré Guis, avocat ; Vincent Bernard, maire, consul ; Jean-André Paul.

Députés de la communauté de Brovès

MM. Jacques Raibaud, avocat ; Honoré Lautier, maitre en chirurgie.

Députés de la communauté de Bargemon

MM. Honoré Reverdit, médecin ; Joseph Sigalloux, avocat ; Christophe [Audibert-] Caille, avocat ; Joseph Mittre, maitre en chirurgie.

Députés de la communauté de Seillans

MM. Antoine Jouque, maire ; Joseph-Léger Bérenger, coseigneur de Seillans ; Léger – Christine Second, consul ; Pierre Gal, ménager.

Députés de la communauté des Arcs

MM. Antoine Truc, notaire et avocat ; Vincent Lombard, avocat ; Jean-François Pascal, médecin, François Fédon, notaire ; Jean-François Pascal, bourgeois ; André-Joseph Gastinel, bourgeois.

Députés de la communauté de Gassin

MM. Joseph – Jean – François Tolon, bourgeois ; Honoré-Toussaint Germondis, notaire et avocat.

Députés de la communauté d'Espérel

MM. Jean Valentin, notaire ; Antoine Mayoly, avocat, juge du lieu.

Députés de la communauté de Flassans

MM. Jean-Louis Gassier, bourgeois ; Joseph Bouis, négociant.

Députés de la communauté de Grimaud

MM. Joseph-François Raybaud, maire ; Honoré-Marie Cabasse, bourgeois ; Augustin Lefèvre, bourgeois.

Députés de la communauté de La Garde-Freinet

MM. Jacques-Joseph Amic, notaire et avocat ; Jacques-Hyacinte Taxil, bourgeois ; Jean-Baptiste-Henry Courchet, greffier de la communauté.

Députés de la communauté de Montferrat

MM. Antoine-Félix Gariel, notaire ; Jean-Joseph Pascalis, bourgeois ; Jean-Baptiste Pascalis, maire.

Députés de la communauté d'Esclans

MM. Jean-Jacques Maurel, avocat ; Jean Muraire-Saint-Michel, bourgeois.

Députés de la communauté de Callian

MM. Honoré Espitalier, lieutenant de juge ; Jean-Joseph Maure, maire ; Jean-Marc-Antoine Espitalier, greffier ; Honoré Belissen, médecin.

Députés de la communauté du Muy

MM. Honoré Muraire, avocat, juge du lieu ; Louis Geoffroy, lieutenant-colonel du corps royal du Génie, chevalier de Saint-Louis ; Joseph-Victor Jourdan, négociant ; Joseph-François Ourse, négociant.

Députés de la communauté de Figanières

MM. Jean-Joseph Audibert, maire ; Jean-François Digne, avocat ; Paul-François Fauchier, bourgeois ; Marc-Antoine Granet, menuisier.

Députés de la communauté de Carcès

MM. Guillaume Ferrandin, maire ; Pierre Arbaud, avocat ; Jean-Baptiste Gazan, négociant ; Jean-Joseph Lambot, maître en chirurgie.

Députés de la communauté du Puget

MM. Nicolas Cavalier, maire ; Nicolas Gavot, médecin.

Députés de la communauté du Revest

MM. Clément Bérenguier, négociant ; Louis-Antoine Cauvi, négociant.

Députés de la communauté de la Motte

MM. Blaise Berlier, avocat ; François Ardisson, négociant.

Députés de la communauté de Moissac

MM. Jean Serre, négociant ; Marie Rainier, notaire.

Députés de la communauté de Régusse

MM. Grégoire Jean, bourgeois ; Jacques Agnely, maire.

Députés de la communauté de Saint-Raphaël

MM. Michel Bléoud, receveur des fermes du Roi ; Jean-Baptiste Villy, bourgeois, maire.

Députés de la communauté de Favas

MM. Jacques Aubin, maire ; Joseph-Henry Isnard.

Députés de la communauté de Salernes

MM. Joseph Borrely, médecin, maire ; Jean-Baptiste

Roux, maître chapelier ; Joseph Nans, maître cordonnier, Jean-Joseph Caïx, négociant, greffier de la communauté.

Députés de la communauté de Taradel

MM. Louis Villeneuve, bourgeois ; Joseph-Jacques Clapier, lieutenant de juge.

Députés de la communauté du Cannet

MM. Melchior-Christophe Gamot, maître en chirurgie ; Joseph Bosc, architecte.

Députés de la communauté de Cotignac

MM. Léon Templier, avocat ; Louis-Auguste Garnier, avocat ; Louis Régis, marchand de soie ; Jean-Baptiste Garnier, fils, greffier de la communauté.

Députés de la communauté de Flayosc

MM. François Chalvin, bourgeois ; Joseph Troin, avocat ; Jean-François Bérard, notaire et avocat ; Jean Vachier, négociant ; Jean Vincent, maréchal-ferrant ; Joseph Gros, négociant ; Joseph Verdaine, ménager.

Députés de la communauté de Meaux

MM. François-Joseph Cauvin du Bourguet ; Philippe Saisson, maître bourrelier.

Députés de la communauté de Callas

MM. Auxile Blond, avocat et maire ; Jacques-

Auxile Guigues, notaire ; Jean-Baptiste Guigues, bourgeois ; Pierre Ollivier, notaire.

Députés de la communauté d'Aups

MM. Louis-Joseph Gérard, juge royal ; Charles-Antoine Boyer, médecin ; Pierre Gombert, négociant ; Jean-Joseph-Mathieu Malespine, bourgeois.

Députés de la communauté d'Ampus

MM. François Arnaud, notaire ; Léger Taxil, médecin ; Joseph Aicardy, notaire.

Députés de la communauté de Claviers

MM. Jacques Abeille, second consul ; Jacques Abeille, négociant ; Joseph Blanc, négociant ; Honoré Pierrugues, médecin.

Députés de la communauté de Fayence

MM. Jean-Baptiste-François-Dominique Coulomb, avocat ; Honoré-Félix Arnoux, avocat ; Jean-Baptiste Cirlot du Ray, bourgeois ; François Laugier, négociant ; Pierre Gourdan, bourgeois ; Boniface-Hugues Abbo, notaire ; Honoré Bérard, ménager.

Députés de la communauté de Bargème

MM. André Jourdan, notaire ; Jean-Baptiste Pélissier, négociant.

Députés de la communauté de Tavernes

MM. Joseph Fabre, consul ; Joseph Nicolas, consul ; Joseph Aubert, bourgeois.

Députés de la communauté de Mons

MM. Jean-Honoré Augier, maire; Joseph Porre, notaire; Pierre Pelassy, fils, greffier de la communauté.

Députés de la communauté de Châteaudouble

MM. Jean-Baptiste Ferru, bourgeois; Jacques-Antoine Ferru, notaire, lieutenant de juge; Jacques Pascal, notaire.

Députés de la communauté de La Roque-d'Esclapon

MM. Jean-Baptiste Lions, notaire; Simon Astier.

Députés de la communauté de Trans

MM. Honoré Muraire, procureur au siège de Draguignan; Joseph-Pierre-Ignace Guillon de Pontevès; Jacques Bellon, fabricant de soie; Antoine-Pons Guiol, ménager.

Députés de la communauté de Montauroux

MM. Pierre Poulle, avocat, juge du lieu; Jean-Henry Porre-Camot, maire; Honoré David, bourgeois; Jean Nègre, greffier de la communauté.

Députés de la communauté de Baudron

MM. Honoré-Claude Arnaud, bourgeois; Joseph Blanc, négociant.

Députés de la communauté de Tourrettes

MM. Jean-Baptiste Simon, avocat, maire; Pierr Gardiol, notaire.

Députés de la communauté de Fabrèyues

MM. Joseph Bounic, consul ; Claude-Joseph Autran, trésorier de la communauté.

Députés de la communauté de Vidauban

MM. Jean-Joseph Camail, notaire ; Joseph Sermet, avocat.

Députés de la communauté de Comps

MM. Toussaint-Étienne Maria, notaire ; Laurens Lions, ancien procureur au siège de Draguignan.

Députés de la communauté de la Garde-lès-Figanières

MM. Jean-Baptiste Giboin, notaire ; Jean Honoré, greffier.

Députés de la communauté de St-Blaise-lès-Figanières

MM. Jean-Baptiste Blancard, ancien lieutenant de frégate auxiliaire ; Joseph Gros, bourgeois.

Députés de la communauté de Trigance

MM. Antoine Aicard, notaire ; Jacques Cartier, bourgeois.

L'ordre du Clergé placé à la droite, celui de la Noblesse à la gauche, et l'ordre du Tiers État en face.

Il ne s'est élevé aucune difficulté sur la justification des titres et qualités de MM. de l'ordre du Clergé.

M. le marquis de Villeneuve-Trans a prétendu que
la qualité de président-né et perpétuel de l'ordre de la
Noblesse de Provence lui est dévolue par les titres et
par une possession de plus de deux cents années : et
que ses aïeux, marquis de Trans, ont toujours joui de
cette présidence, soit dans les États anciens, soit dans
toutes les assemblées générales ou particulières du
corps de la Noblesse. En conséquence, il fait la réclamation de tous les droits, et a signé.

(Signé :) Le marquis de Villeneuve-Trans.

MM. de l'ordre de la Noblesse protestent, au contraire, contre la réclamation de M. le marquis de
Trans, attendu que, cette même réclamation ayant été
faite aux États Provinciaux de mil sept cent quatre-
vingt sept, il fut ordonné provisoirement par MM. les
Commissaires du Roi que ledit sieur marquis de
Trans se retirerait par devers le Roi pour faire valoir
ses droits et prétentions.

Et, de suite, l'ordre de la Noblesse ayant nommé
MM. d'Ampus, de Perrot du Bourguet, Collomb de
Seillans et Giraud d'Agay pour commissaires, à l'effet
de se joindre à nous pour décider la question mue
entre l'ordre de la Noblesse et M. le marquis de Trans;

Nous, lieutenant général, assisté desdits quatre
sieurs commissaires, et ouï le procureur du Roi en
ses conclusions, sous la réserve et protestation de tous
les droits dudit sieur marquis de Trans, concernant
la présidence de l'ordre de la Noblesse de Provence,
avons ordonné, conformément à la décision de MM. les

commissaires du Roi aux États Provinciaux de 1787, que ledit sieur marquis de Trans se retirera par devers le Roi, pour faire valoir ses droits et prétentions. Et cependant, ordonnons que l'article 41 du règlement du 24 janvier dernier sera exécuté, suivant sa forme et teneur. Et sera, notre présente ordonnance lue et publiée à l'ordre de la Noblesse et exécutée, nonobstant appel et opposition.

Fait audit lieu, le jour et an susdits.

(Signé :) Lombard-Taradeau.

L'ordonnance ci-dessus a été à l'instant lue et publiée à l'ordre de la Noblesse, par nous greffier, soussigné.

(Signé :) Thouron.

Sur la réquisition de divers membres du Tiers État, touchant l'exécution de l'article 31 du règlement du 24 janvier, relativement au nombre des députés que chaque communauté de campagne doit envoyer à la présente assemblée ;

Nous, lieutenant général, ouï le procureur du Roi, avons ordonné que les députés de la communauté de Fayence, au nombre de sept, ceux de la communauté des Arcs, au nombre de six, et ceux de Flayosc, au nombre de sept, se réduiront au nombre de quatre pour chacune desdites communautés ; et que les députés derniers inscrits, excédant ce nombre, videront l'assemblée, si mieux ils n'aiment, en y restant, se

concilier entre eux, et combiner leurs voix qui seront
réduites au nombre de quatre pour chaque communauté. Et sera, notre présente ordonnance, lue et publiée à l'ordre du Tiers État, et exécutée nonobstant
appel et opposition.

Fait audit lieu, le jour et an susdits.

(Signé :) Lombard-Taradeau.

L'ordonnance ci-dessus a été à l'instant lue et publiée à l'ordre du Tiers État, par nous greffier soussigné.

(Signé :) Thouron.

Les députés des communautés de Fayence, les Arcs
et Playosc ont déclaré, en adhérant à ladite ordonnance, qu'ils resteraient tous dans l'assemblée, en
combinant leur voix, et les réduisant au nombre de
quatre pour chacune de leurs communautés.

Sur la réquisition faite ensuite verbalement par le
procureur du Roi,

Nous, lieutenant général, avons concédé acte à tous
les membres des trois Ordres présents, de leur comparution, donné défaut contre les non comparants, et
ordonné que les présents délibéreront pour les absents.
Et, de suite, nous avons reçu le serment de tous les
membres des trois Ordres présents, et ordonné que
l'ordre du Clergé se retirera dans la salle du réfectoire des RR. PP. Prêcheurs, l'ordre de la Noblesse
dans une autre des salles de la même maison, et que

l'ordre du Tiers État restera dans cette église, sous notre présidence, à l'effet, par les trois Ordres, de délibérer tout premièrement, dans les formes prescrites par le règlement, s'ils veulent procéder conjointement ou séparément à la rédaction de leur cahier de doléances et à la nomination de leurs électeurs. Ordonnons, en outre, qu'expédition en forme desdites délibérations nous sera remise par le secrétaire des deux premiers Ordres, pour être par nous ordonné ce qu'il appartiendra. Et sera, notre présente ordonnance, lue et publiée à l'assemblée et exécutée nonobstant appel et opposition.

Fait audit lieu, les jour et an susdits.

(Signé :) Lombard-Taradeau.

L'ordonnance ci-dessus a été à l'instant lue et publiée à l'assemblée, par nous greffier soussigné.

(Signé :) Thouron.

En exécution de l'ordonnance ci-dessus, les deux premiers Ordres se sont retirés chacun dans les salles qui leur ont été indiquées, et l'ordre du Tiers État a resté dans la présente église, sous notre présidence, ayant ledit Mᵉ Thouron, greffier, pour secrétaire.

Et, attendu l'heure tarde, nous avons renvoyé la continuation de la présente assemblée du Tiers État, à demain, vingt-huit de ce mois de mars, à huit heures du matin, et nous nous sommes soussigné avec le procureur du Roi et notre greffier.

(Signé :) Lombard-Taradeau, Laplane, Thouron.

Ledit jour, vingt-huit mars mil sept cent quatre-vingt-neuf, à huit heures du matin, nous dit lieutenant général, en même compagnie que dessus, nous étant rendu à ladite église des RR. PP. Prêcheurs, nous y avons trouvé tous les députés de l'ordre du Tiers État assemblés, et nous avons proposé à l'assemblée, conformément à notre ordonnance du jour d'hier, de délibérer si elle veut procéder, conjointement avec les deux premiers ordres, ou séparément, à la rédaction du cahier général et à la nomination des électeurs.

Sur quoi, les voix courues, il a été délibéré, à la grande pluralité, de procéder, séparément d'avec les deux premiers Ordres, à la rédaction du cahier général des doléances et à la nomination des électeurs.

Et, attendu la délibération ci-dessus, qui se trouve conforme à celles qui ont été prises sur le même objet par les deux premiers Ordres, et dont expédition en forme nous a été remise.

Nous, lieutenant général, ouï le procureur du Roi, avons ordonné que chaque Ordre procédera séparément à la rédaction de son cahier et à la nomination de ses électeurs. Et sera, notre présente ordonnance, lue et publiée aux assemblées des trois Ordres pour être exécutée, nonobstant appel et opposition.

Fait audit lieu, les jour et an susdits.

(Signé :) Lombard-Taradeau.

L'ordonnance ci-dessus a été à l'instant lue successivement et publiée aux assemblées des trois Ordres par nous, greffier, soussigné.

(Signé :) Thouron.

Et, de suite, les deux premiers Ordres ont envoyé vers l'ordre du Tiers État des députations, par l'organe desquelles ils ont annoncé leur vœu pour la contribution égale aux charges publiques, et exprimé, de la manière la plus touchante et la plus énergique, les sentiments honorables dont ils sont animés.

MM. les députés des deux premiers Ordres ont ensuite laissé sur le bureau les déclarations qui ont été faites par leurs Ordres à cet égard, et se sont retirés.

Et nous, lieutenant, ouï le procureur du Roi, au requis des députés de l'ordre du Clergé et de ceux de l'ordre de la Noblesse, avons ordonné que lesdites déclarations seraient lues et publiées dans la présente assemblée, et transcrites dans ce procès-verbal.

Fait audit lieu, les jour et an susdits.

(Signé :) Lombard-Taradeau.

L'ordonnance ci-dessus, ainsi que les déclarations des deux premiers Ordres, ont été à l'instant lues et publiées à l'assemblée du Tiers État, et de suite lesdites déclarations ont été transcrites dans le présent procès-verbal par nous, greffier, soussigné.

(Signé :) Thouron.

DÉCLARATION DE L'ORDRE DU CLERGÉ

L'ordre du Clergé de la Sénéchaussée de Draguignan déclare renoncer à tous privilèges et exemptions pécuniaires, de quelque part, titre et possession qu'ils dérivent, et consentir à ce que les biens ecclésiastiques, fruits et revenus quelconques, soient et demeurent soumis à jamais et à perpétuité aux impositions royales, provinciales, municipales, locales, générales et particulières, quelles qu'elles soient, sans déduction ni prélèvement d'aucunes charges quelconques, et sous quelque prétexte que ce puisse être, tendant à diminuer la contribution ; et ce, à l'instar et à l'égal, dans la même forme et quotité que les biens du Tiers État, déclarant de plus vouloir contribuer encore dans l'égalité proportionnelle aux impositions délibérées aux États Provinciaux de 1787 et 1789, auxquelles le Tiers État n'a consenti qu'avec protestation ; faisant cette déclaration de notre pur gré et par un mouvement de justice et désirant, pour qu'elle soit à jamais stable, immuable et irrévocable, qu'elle soit consignée dans le procès-verbal de l'assemblée et signée par chaque membre de l'Ordre

Délibéré à Draguignan, le 28 mars 1789.

(Signé :) Emmanuel-François, évêque de Fréjus ; Cavalier, prévôt ; Coulomb, chanoine théologal ; Montgrand, prévôt d'Aups ; Gaston, curé ; Peyre, prêtre de 'Oratoire ; Ardisson, prêtre ; Chabriel, prieur-curé ;

Revel, chanoine, sacristain-curé ; Escalon, prêtre ; Audibert, prieur de Saint-Vincent ; Mingaud ; Maifredi ; prieur de Saint-Louis ; Pellicot-Seillans, prieur-curé de Seillans ; Thadei, chanoine, député du chapitre d'Aups ; Antelmy, curé de Châteaudouble ; Gassier, prieur de Flassans ; Lombard, chanoine de Draguignan ; Allaman, prieur-curé de Trans ; J. Rimbaud, recteur de la communauté des Doctrinaires de Draguignan ; Borrely, bénéficier ; F. Maréchal, député de l'abbaye du Thoronet ; Garcin, prieur-curé de Saint-Tropez ; Bouvet, curé de Trigance ; Antoine Chautard ; Maurel, prieur ; Fruchier, prêtre, bénéficier ; Chautard, capiscol ; Myttre, curé de Comps ; Raybaud, curé ; Reverdit, curé de Salernes ; Moriès, curé du Cannet ; Latil, prieur ; Savornin, bénéficier et député ; Pascalis, curé de Bagnols ; Matti-Latour ; Poulle, prêtre, député ; Jacques-Christophe Meissel ; Stable, député des Doctrinaires de Seillans : Jean, prêtre bénéficier, député de son corps ; Taxil, curé de Tourtour ; Moutton, curé ; Martin, curé de Claviers ; F. Joseph Basset, supérieur des Minimes ; Laugier, curé de Bargème ; Gaytte, curé de Callian ; Nouvel, prêtre ; Chautard ; Bruno Broquier, curé de Gassin ; Gardiol, curé de Callian ; Rouvier, aumônier de l'hôpital ; Chiris, curé de Tourrettes ; Chiris, curé du Puget ; Genis, curé de Villecroze ; Gros, curé de Figanières ; Malespine, prêtre bénéficier ; F. Blanc, dominicain, député du couvent de Fréjus ; Joseph Cavalier, curé d'Esclans ; F. François Germain, député des Cordeliers de Carcès ; F. Antoine Segondy, prêtre, député des Augustins ; F. François Troin, syndic des Cordeliers ; Fabre, député des Mathurins ; Tournel, curé de Moissac ; F. Jauffret, député des Augustins Réformés d'Aups ; F. Abram, dominicain ; Caille, curé de Callas ; Camail, curé de Vidauban ; Héraud, curé de Fréjus ; Régis, curé de Bargemon ; Gras, curé de la Roque ; Renom, recteur de Notre-Dame de Montserrat ; Barbarié, curé du Cannet ; Guignon, curé de Fayence ; Chauvet ; Savornin, curé de Saint-Raphaël ; Raynaud, curé d'Ampus. et Guignon, curé du Muy.

DÉCLARATION DE L'ORDRE DE LA NOBLESSE

Nous, nobles soussignés, représentant l'ordre de la Noblesse de la Sénéchaussée de Draguignan, convoquée et assignée, les présents délibérant pour les absents en tant que nous pouvons, déclarons renoncer à tous privilèges et exemptions, de quelque part, titre et possession qu'ils dérivent, et consentir à ce que les biens nobles ou autrement privilégiés, pensions et revenus féodaux, sous quelque dénomination qu'ils puissent être, soient et demeurent soumis à jamais et à perpétuité aux impositions royales, provinciales, municipales, locales, générales et particulières, quelles qu'elles soient, et ce, à l'instar et à l'égal, dans la même forme et quotité que les biens du Tiers État, déclarant de plus vouloir contribuer encore dans l'égalité proportionnelle aux impositions délibérées dans les États Provinciaux de 1787 et 1789, auxquelles le Tiers État n'a consenti qu'avec protestation ; faisant cette déclaration, de notre pur gré, par un mouvement de justice, et désirant, pour qu'elle soit à jamais stable, immuable et irrévocable, qu'elle soit consignée dans le procès-verbal de l'assemblée et signée par chaque membre de l'Ordre.

A Draguignan, le 28 mars 1789.

(Signé :) de Perrache, chevalier d'Ampus, président de l'Ordre ; Villeneuve-Vauclause-Bargemon ; le marquis de Villeneuve-Trans ; Giraud d'Agay, et pour M. d'Agay, mon frère ; Collomb-Seillans, chef d'escadre ; Raimondis, ancien capitaine d'infanterie ; Raimondis, capitaine des vaisseaux, et pour M. de Jouffrey ; d'Hert, ancien capitaine au régiment de la Reine ; d'Audibert-Caille du Bourguet, et pour M. de Court d'Esclapon ; de Leclerc-Lassigny ; Pontevès-Bargème, et pour M. le marquis de Villeneuve-Flayosc ; Perrot du Bourguet, capitaine des vaisseaux ; Raimondis ; Sassy ; Raimondis-Canaux ; Verrion d'Esclans, commissaire des guerres ; Périer-la-Garde, et pour M. le chevalier de Villeneuve-Flayosc ; le comte de Rafélis-Brovès, tant pour moi qu'en qualité de procureur fondé du comte de Rafélis-Brovès, mon fils, major des vaisseaux du Roi ; Rey-Taradeau, père ; de Brun de Favas, capitaine des vaisseaux ; Rey-Saint-Sauveur ; Blanc de Salètes ; Rafélis, seigneur de Tourtour ; Perrache d'Ampus ; le chevalier d'Ampus, pour M. de Ravel d'Esclapon, et Héraud, ancien lieutenant des vaisseaux, secrétaire.

L'ordre du Tiers a ensuite délibéré d'envoyer des commissaires vers les deux premiers Ordres, pour leur témoigner combien celui du Tiers a été sensible à cet acte de justice de leur part, qui doit consolider l'union dans les trois Ordres, et assurer la prospérité du Royaume.

Sur la proposition faite à l'assemblée de procéder à la rédaction du cahier général des doléances, les députés de chaque communauté ont remis sur le bureau leurs cahiers particuliers.

Il a été ensuite délibéré de procéder à la rédaction du cahier général par des commissaires, et l'assemblée a nommé à cet effet MM. Honoré Muraire, de cette ville, avocat ; Maximin Isnard, négociant ; Jean-François Pascal, docteur en médecine ; Barthélemy Sieyès, avocat ; Charles-Antoine Boyer, docteur en médecine ; Laurent Lions, ancien procureur au Siège ; Martin, sieur de Roquebrune ; Léon Templier, avocat, et Victorin Perrimond, docteur en médecine.

Tous les cahiers particuliers des communautés ont été remis auxdits sieurs commissaires.

Et, attendu l'heure tarde, nous avons renvoyé la continuation de l'assemblée au trente de ce mois de mars, à huit heures du matin, et nous nous sommes soussigné avec le procureur du Roi et notre greffier.

(Signé :) Lombard-Taradeau, la Plane, Thouron.

Le trente dudit mois de mars, l'assemblée n'a pu être continuée, parce que le travail des sieurs commissaires rédacteurs du cahier général n'était point encore fini, et nousdit lieutenant général commissaire avons renvoyé la continuation de l'assemblée à demain, trente et un dudit mois, au même lieu et heure que dessus, et nous nous sommes soussigné, avec le procureur du Roi et notre greffier.

(Signé :) Lombard-Taradeau, la Plane, Thouron.

Le trente et un dudit mois de mars, l'assemblée n'ayant pas pu être non plus continuée parce que la rédaction du cahier général n'était point encore finie, nousdit lieutenant général, commissaire du Roi, avons renvoyé la continuation à demain, premier avril, à trois heures de relevée, au même lieu que dessus, et nous nous sommes soussigné avec le procureur du Roi et notre greffier.

(Signé :) Lombard-Taradeau, la Plane, Thouron.

Ledit jour, premier avril mil sept cent quatre-vingt neuf, à trois heures de relevée, nousdit lieutenant général commissaire du Roi, nous sommes rendu, en même compagnie que dessus, à l'église des RR. PP. Prêcheurs, où nous avons trouvé tous les députés formant l'ordre du Tiers État de cette Sénéchaussée assemblés.

Messieurs les commissaires rédacteurs ont remis sur le bureau le cahier général des doléances, qui a été lu à l'assemblée par notre greffier, et approuvé unanimement. Et, de suite, il a été signé par tous les commissaires rédacteurs.

Et, attendu l'heure tarde, nous avons renvoyé la continuation de l'assemblée à demain, second avril, à huit heures du matin, et nous nous sommes soussigné avec le procureur du Roi et notre greffier.

(Signé :) Lombard-Taradeau, la Plane, Thouron.

Ledit jour, deux avril, à huit heures du matin, nous nous sommes rendu, en même compagnie que dessus, dans l'église des RR. PP. Prêcheurs, où nous avons trouvé tous les députés formant l'ordre du Tiers État assemblés.

Et, de suite, sur la proposition, par nous faite à l'assemblée de procéder à la nomination des électeurs qui doivent porter le cahier général et représenter l'ordre du Tiers État à l'assemblée d'arrondissement du sept de ce mois, pour concourir, avec les électeurs des Sénéchaussées de Grasse et de Castellanne, à la nomination des députés aux États Généraux;

Les voix courues, la pluralité des suffrages s'est réunie en faveur de MM. Marc-Antoine-Hercule Jordany, avocat en la cour ; Maximin Isnard, négociant de cette ville ; Jean-Baptiste-François-Dominique Coulomb, de Fayence, avocat en la Cour; Pierre Poulle, avocat en la Cour ; Honoré Pierrugues, de Claviers, docteur en médecine ; Jacques Raibaud, du lieu de Bargemon, avocat en la Cour ; Toussaint-Étienne Maria, avocat et notaire royal du lieu de Comps; Honoré Reverdit, de Bargemon, docteur en médecine ; Charles-Antoine Boyer, de la ville d'Aups, docteur en médecine ; Grégoire Jean, bourgeois, du lieu de Régusse ;

Jean-Baptiste Garnier, fils, bourgeois de Cotignac ; Pierre Arbaud, du lieu de Carcès, avocat en la Cour ; Jean-François Pascal, du lieu des Arcs, docteur en médecine ; Victorin Perrimond, de la ville de Lorgues, docteur en médecine ; Joseph Sermet, du lieu de Vidauban, avocat en la Cour ; Antoine Truc, du lieu des Arcs, notaire et avocat en la Cour ; Barthélemy Sieyès, de la ville de Fréjus, avocat en la Cour ; Antoine Cauvin, notaire royal, de Roquebrune ; Auxile Blond, de la ville de Callas, avocat en la Cour ; Jean-François Digne, du lieu de Figanières, avocat en la Cour ; Honoré Muraire, de cette ville, avocat en la Cour ; Jean-Jacques Maurel, de cette ville, avocat en la Cour et subdélégué de l'Intendance ; Jean-François Martin, sieur de Roquebrune, et Joseph-François Raibaud, de Grimaud, maître en chirurgie.

Et, à l'instant, les commissaires de l'ordre du Clergé sont entrés et nous ont remis leur cahier des doléances, signé par eux, ainsi que les doléances particulières des différentes classes de leur Ordre, pour être par nous délivré hors de l'assemblée des trois ressorts, aux députés qui seront élus aux États Généraux. Ils nous ont, en outre, remis le procès-verbal de leur assemblée particulière, signée par tous les membres de l'Ordre.

Et nousdit lieutenant général, ouï le procureur du Roi, en concédant acte auxdits Commissaires de ladite remission, avons ordonné que les cahiers des doléances générales et particulières du Clergé de la Sénéchaussée seront par nous cotés par premiers et derniers, signés et paraphés *ne varietur*, et le procès-verbal de leur assemblée annexé au présent.

Et de suite, des commissaires de l'ordre de la Noblesse nous ont pareillement remis le procès-verbal de leur assemblée, ainsi que le cahier de leurs doléances.

Et nousdit lieutenant général, ouï le procureur du Roi, avons concédé acte aux commissaires de la Noblesse de ladite rémission, ordonné que leur cahier de doléances sera par nous coté par première et dernière, signé et paraphé *ne varietur,* et que le procès-verbal de leur assemblée sera annexé au présent.

Et de tout ce que dessus, nous avons dressé le présent procès-verbal ; lecture faite nous nous sommes soussigné avec tous les membres du Tiers État, le procureur du Roi et notre greffier.

(Signé :) Lombard-Taradeau ; la Plane ; Germondi, député de Gassin ; Chaberty, député ; Tolon ; Tollon, député ; Courchet ; Paschalis ; Suou, le cadet ; Gavot, député du Puget ; Taxy ; M. Bléoud ; Guigues ; Villy ; Raybaud ; L. Charles ; Guigues, notaire ; Jordan ; Ferandin ; J. Pascal ; Perreymond ; Audibert-Caille ; Gombert ; J. Autran ; J. Aubert ; Boyer ; Bouis ; Ricard ; Pascalis ; Lambot ; Blond ; Lautier ; Amic ; J. Nicolas ; Gattier ; J. Fabre ; Olivier ; Clerion ; Trouin, Cabasse ; V. Jourdan ; Ourse ; Vachier ; Lefèvre ; Arbaud ; Gazan ; Aubin, maire ; Myttre ; Garciny, fils ; Collomp ; Gamot ; Taxil ; Bosc ; Reibaud ; Bernard ; Reboul ; J. Sénéquier ; Martin ; Bus ; l'avocat Alliez ; Ch. Lebas ; Maurin ; Gassier ; Cirlot du Ray ; Camail ; Bérenguier ; Arnoux ; Sermet ; Giboin ; Blancard ; Hugou-Lange ; Cauvy ; Laugier ; Aycard ; Gardiol ;

Martin-Roquebrune; Fauchier; J. Honoré; Gros; J.
Aicardy; Arnaud; du Bourguet; Bérenger; Regis;
Gastinel; Pascal; Porre; Vassail; Chalvin; Boyer,
médecin, électeur; Hermieu; Pelissier; Jordany;
Guis; J.-J. Audibert; Granet; Maure; Espitallier;
Guillon-Pontevès; Guiol; Bellon; Fr. Espitallier;
Arnaud; Caïs; David; Roux; Auzivizier; Augier;
Isnard; Geofroy; Sigalloux; Gérard; Abeille, consul;
Pierrugues; J. Blanc; Simon; Muraire; Sieyès; Jean;
Lambert; Lions; Gal; Christine; Fouque; S. Astier;
P. Lions; Paul; Bernard; Bellissen, d. m.; Poulle;
Bérard; Nans; Serre; Agnelly; Maria; Reverdit;
Ferru; Blanc; Peroncely; Ph. Saisson; Ferru; Mu-
raire-Saint-Michel; J. Abeille; Muraire; Bérard;
Malespine; Imbert; Verdaine; Lombard; Pascalis;
Villeneuve; Clappier; Malaussan; Chautard; Autran;
Daulaus; F. Jehan; Cavallier; Cauvin; J. Marenc;
Léon Templier; Clapier; Maximin Isnard, cadet; J.
Cartier; Bourrelly; Laurent; J. Vincens; Gros; Digne;
Truc; Garnier; Laborel; Garnier, fils; Antiboul;
Ardisson; Berlier; Vallentin; Maille; Pelacy; Porre;
Camot; Nègre; Fabre; Maurel; Mayoly; Pierrugues,
avec nous, Honoré Thouron, greffier en chef de la
Sénéchaussée de Draguignan et secrétaire de l'as-
semblée, soussigné.

(Signé :) Thouron.

PROCÈS-VERBAL

DE L'ASSEMBLÉE DU CLERGÉ DE LA SÉNÉCHAUSSÉE DE DRAGUIGNAN

L'an dix-sept cent quatre-vingt-neuf et le vingt-huit du mois de mars, l'assemblée générale du clergé de la Sénéchaussée de Draguignan [réunie] d'après l'ordre de Sa Majesté, à l'effet et pour les fins contenues dans les lettres de convocation du deux de ce présent mois de mars, en suite de la vérification des pouvoirs de l'assemblée et du serment prêté par devant M. le lieutenant de la Sénéchaussée le jour d'hier, ainsi qu'il conste par le verbal dressé de l'autorité dudit M. le lieutenant; ladite assemblée séante dans le réfectoire de la maison des RR. PP. Dominicains de cette ville ; illustrissime et révérendissime évêque de Fréjus, président, lequel a dit que le premier objet dont l'assemblée devait s'occuper était la nomination d'un secrétaire, ayant proposé messire Gaston, curé de Sainte-Maxime, lequel a été élu à la pluralité de voix, et a pris place au bureau en cette qualité.

Mgr l'évêque de Fréjus a dit ensuite que l'assemblée devait manifester son vœu et son intention pour les délibérations subséquentes et déclarer si lesdites délibérations seront prises conjointement ou séparément avec les autres Ordres, ou dans le sein de l'ordre du clergé séparément; sur quoi, M. l'Evêque a dit que la marche des affaires pouvait seule engager 'ordre du clergé de voter séparément, et que ce qui doit le décider absolument à cet égard, c'est la connaissance que l'assemblée vient d'avoir que le vœu du Tiers-État est de délibérer séparément ; le Tiers-État doit être convaincu des sentiments de l'intelligence fraternelle qui anime l'ordre du clergé, et qui ont été manifestés de sa part dans la séance d'hier ; qu'il paraît en même temps qu'il ne peut qu'y avoir, dans les délibérations du clergé, des objets qui, sans intéresser le Tiers-État, doivent n'être traités que dans le sein de l'assemblée ecclésiastique ;

Sur quoi, il a été délibéré unanimement que le clergé prendra ses délibérations séparément, en témoignant au Tiers-État le désir constant que le clergé aura toujours de cimenter l'heureuse harmonie qui règne entre les Ordres.

L'assemblée ayant été avertie que l'ordre de la noblesse lui envoyait des députés, elle a chargé des représentants des diverses classes d'aller au-devant d'eux pour les recevoir.

Messieurs les députés de la noblesse étant entrés ont dit qu'ils étaient envoyés pour donner à l'ordre du clergé des témoignages d'attachement et de confiance et pour lui faire part en même temps de la déclaration que leur ordre a souscrit (sic) pour renoncer à toutes exemptions pécuniaires et [de] son désir de payer tous les impôts royaux et locaux de la même manière que tous les citoyens de l'État, et que leur vœu le plus sincère est le bien général et le soulagement du peuple ; laquelle déclaration ils ont laissée sur le bureau.

Mgr l'Évêque a témoigné à Messieurs les députés de la noblesse toute la reconnaissance de l'assemblée, et Messieurs les députés, en se retirant, ont été accompagnés par les mêmes représentants qui avaient été envoyés pour les recevoir.

Messieurs les députés de la noblesse étant sortis, il a été fait lecture de leur déclaration, à laquelle l'assemblée a applaudi, et il a été incontinent nommé des députés pour aller témoigner à l'ordre de la noblesse la reconnaissance du clergé et la vive sensibilité qu'a excitée leur députation et, en même temps, pour manifester que les vœux du clergé sont parfaitement conformes à ceux de la noblesse.

L'assemblée ayant été avertie que Messieurs du Tiers-État envoyaient une députation à la présente assemblée, il a été envoyé au-devant d'eux des députés pour les recevoir, lesquels étant entrés ont témoigné, au nom de leur Ordre, leur satisfaction des sentiments de zèle et de patriotisme que Mgr l'évêque leur avait manifestés dans l'assemblée de la veille; et, sans paraître douter de la loyauté et de la franchise du clergé dans la déclaration qu'il avait fait *(sic)* de se soumettre à toutes les impositions de l'État, les députés ont exprimé le désir de leur Ordre que ce vœu du clergé fut consigné dans un acte solennel, émané de la présente assemblée.

Mgr l'évêque leur a répondu que le Tiers-État, cette portion nombreuse de la nation, d'ailleurs si chère à l'assemblée, trouvera toujours dans le clergé les dispositions les plus favorables à se prêter à toutes ses demandes pour faire connaître son dévouement empressé pour le bien public, et qu'il allait y être délibéré.

Les députés du Tiers-État s'étant retirés ont été accompagnés par les mêmes personnes qui étaient allés au-devant d'eux.

Les députés du clergé étant rentrés, l'Assemblée a délibéré sur la demande qui avait été faite et a considéré que le clergé n'a qu'un seul privilège, que c'est celui de tous les Ordres, de tous les citoyens, de ne pouvoir être soumis qu'à des impôts consentis ;

Que ces immunités, jadis communes à toutes les classes de la société, n'ont commencé à paraître des exceptions que lorsqu'on en a dépouillé les autres Ordres, et l'on a voulu depuis regarder comme des privilégiés onéreux les fidèles dépositaires de leurs antiques droits ;

Que le clergé, souvent sollicité d'en faire le sacrifice, a toujours répondu que la seule manière de détruire ses privilèges, était de les rendre communs aux autres ordres qui n'y avaient jamais renoncé ;

Que cet évènement va enfin s'opérer ; qu'un prince, ami de son peuple, va rétablir la nation dans ses premiers droits ;

Que le clergé votera, avec les autres Ordres de l'État, les subsides nécessaires aux besoins de l'État et qu'ayant tous les mêmes droits, nul ne pourra réclamer une exception ;

Qu'en conséquence, le clergé déclare renoncer......
.... (1).

Délibéré en outre que ce vœu et cette résolution
seront déposés dans le sein paternel de Sa Majesté
et seront portés aux pieds du trône et aux prochains
États Généraux du royaume ;

Que le clergé indistinctement, ayant un intérêt
égal à l'administration de la Province, la justice
demande que tous les ordres du clergé aient dans les
États Provinciaux une représentation convenable et
suffisante ;

Que le clergé ne doit pas perdre de vue les intérêts
sacrés et précieux de la religion et de la discipline
ecclésiastique, les rapports utiles qui réunissent
toutes les provinces ecclésiastiques et les arrangements
nécessaires pour assurer les arrérages et les rembour-
sements des dettes qu'il a contractées pour le service
du Roi et les besoins de l'État, qui ont épuisé ses
ressources et qui ont toutes été faites de l'aveu du
gouvernement ;

Que Sa Majesté sera suppliée de satisfaire aux
justes représentations de son clergé par la tenue des
conciles provinciaux, par la convocation des États
Généraux périodiquement, ou par la conservation des
assemblées générales du clergé, auxquelles toutes les
provinces qui ne sont pas comprises aujourd'hui dans
le clergé de France seront invitées à se réunir.

Et, incontinent après, il a été dressé une copie de

---

(1) (Voir le procès-verbal de l'assemblée des trois Ordres, page 25).

l'article de la présente délibération concernant les impositions ; cette copie a été signée par tous les membres de l'assemblée, et six députés ont été nommés pour la porter à l'ordre du Tiers-État. Les députés de retour ont rendu compte de leur commission et dit qu'ils avaient été reçus avec les cérémonies ordinaires et qu'ayant fait la lecture de la déclaration du clergé, le Tiers-État en avait témoigné les plus grands applaudissements et qu'ils avaient déposé sur le bureau du Tiers-État cette déclaration en original.

Mgr l'évêque a dit ensuite qu'il devait être procédé à la nomination des commissaires rédacteurs des doléances ; sur quoi l'assemblée a unanimement nommé messires Jean-Martin Cavalier, prévôt de la cathédrale ; Gassier, prieur-curé de Flassans ; Allaman, prieur-curé de Trans ; Gras, curé de La Roque ; Gardiol, curé de Callian ; Caille, curé de Callas ; Lombard, chanoine de la collégiale de Draguignan ; Montgrand, prévôt d'Aups et procureur fondé du prieur de La Moure ; Maréchal, religieux du Thoronet ; Fruchier, bénéficier de la cathédrale ; Jean, bénéficier de la cathédrale d'Aups ; et il a été convenu que les membres des diverses classes des bénéficiers et corps ecclésiastiques séculiers et réguliers se réuniront entre eux pour former chacun un cahier particulier que les commissaires joindront ensemble.

La séance a été indiquée à lundi 30 mars, à 9 heures du matin.

(Signé :) † EMMANUEL-FRANÇOIS,
Évêque de Fréjus, p.

GASTON,
curé, secrétaire.

2ᵐᵉ SÉANCE

Du lundi 30 mars, à 9 heures du matin, le procès-verbal de la séance du 28 a été lu et publié.

Mgr l'évêque a dit que, pour prévenir les demandes qui pourront être faites de la part des diverses classes des contribuables aux décimes, pour que les membres du bureau diocésain soient élus par ceux qu'ils représentent, il ne pouvait rien faire de mieux que de rendre publique la délibération du bureau diocésain du 11 du courant, par laquelle il est dit que les membres du bureau diocésain seront nommés par les classes qu'ils représentent, et qu'il sera appelé à l'avenir un député des communautés religieuses.

Mgr l'Évêque a ajouté que la présente assemblée n'étant pas précisément celle du diocèse, puisqu'il y a des délibérants des diocèses étrangers, et que plusieurs membres du diocèse de Fréjus étaient convoqués ailleurs, il était impossible, dans cette assemblée, de procéder à l'élection des députés des diverses classes, mais qu'il y serait procédé avant la première convocation du bureau diocésain.

Lecture faite de cette délibération du 11 du courant, l'assemblée a témoigné par acclamation qu'elle en était satisfaite, à l'exception des bénéficiers de la cathédrale et des collégiales, et il a été convenu qu'elle serait transcrite à la suite du présent article, et la

demande des bénéficiers renvoyée au bureau diocésain,
pour y être statué, parties entendues.

Teneur de la délibération du bureau diocésain de
Fréjus du 11 mars 1789.

« En second lieu, M. le curé du Muy a dit qu'il sait,
à n'en pouvoir douter, que plusieurs curés du diocèse se
plaignent de ce qu'il est leur représentant au bureau,
sans qu'ils l'aient choisi.

« Sur quoi Mgr l'évêque a dit qu'il fallait ouïr
M. le syndic. M. le syndic a dit que, n'y ayant
aucune loi générale qui prescrive la manière dont les
bureaux diocésains doivent être formés, l'usage seul
et la possession peuvent tenir lieu de loi, ainsi qu'il
a été formellement reconnu par l'Assemblée générale
de France en 1770, dans laquelle, après avoir proposé
en plusieurs séances divers projets de règlement, sans
pouvoir convenir d'aucun, il fut convenu qu'on suivrait
dans chaque diocèse l'usage reçu, sauf, en cas de
plainte, de se pourvoir à l'effet d'obtenir un règlement
particulier ;

« Que, dans le diocèse de Fréjus, l'administration
actuelle subsiste depuis 50 ans, sans que personne
ait jamais réclamé, pas même lors de la tenue du
synode en 1778 ; qu'il est vrai qu'autrefois on nommait
au synode les députés au bureau diocésain, mais les
collégiales non plus que les prieurs simples n'avaient
aucune part à cette élection, et leurs représentants n'en
étaient pas moins élus sans leur participation ;

« Qu'en remontant plus haut, on trouve en 1582, une
délibération d'une Assemblée générale du clergé du dio-

cèse qui règle que le bureau diocésain sera composé d'un dignitaire des églises collégiales, d'un chanoine des mêmes églises, d'un prieur, d'un vicaire ; lesquels quatre, avec le syndic diocésain et l'administrateur du chapitre du diocèse de Fréjus, négocieront, ainsi que s'exprime cette délibération, les affaires du diocèse ; il paraît par la suite que les députés changent tous les ans, sans qu'on voit qu'il ait été tenu aucune assemblée particulière des diverses classes pour nommer leurs représentants ;

« Que, nonobstant ce, il paraît juste de se prêter à la demande, que les curés pourraient faire, d'élire eux-mêmes leurs représentants ; mais qu'en même temps il convient d'accorder la même prérogative aux autres classes des contribuables ; que la cathédrale n'a là-dessus rien à désirer, puisqu'elle nomme elle-même son député ; qu'à l'égard des collégiales, il ne s'agit que de laisser à chaque chapitre l'élection de son représentant, en observant le tour déjà établi ;

« Qu'à l'égard des prieurs et des curés, le bureau peut s'en rapporter à Mgr l'évêque et le prier de prendre, selon sa prudence, les moyens convenables pour que chacune de ces deux classes puisse élire son représentant.

« Avant que de délibérer, Mgr l'évêque a ajouté que, suivant ces mêmes principes d'équité qui veulent que les diverses classes des contribuables aient leurs représentants et que ces représentants soient élus librement par ceux qu'ils représentent, il conviendrait que les communautés régulières d'hommes et de filles qui sont dans le diocèse et qui contribuent à ses charges, eussent aussi un représentant qui fût de leur choix, ce qui paraît d'autant plus juste que, dans un grand nombre de diocèses, on voit les réguliers avoir un député au bureau diocésain. Sur tout quoi, le bureau a unanimement délibéré d'adhérer à la demande que les curés du diocèse, ainsi que les prieurs simples et même les communautés régulières pourraient former, à l'effet d'avoir au bureau un représentant de leur choix, et il a en même temps prié Mgr l'évêque de faire connaître aux uns et aux autres que tel est le vœu du bureau. »

Mgr l'Évêque a dit que MM. les commissaires nommés pour la rédaction des doléances, n'ayant pu concilier les intérêts des diverses classes et réunir sous un même point de vue des opinions opposées, ils n'avaient rien pu faire de mieux que de recevoir les divers cahiers qui leur ont été remis, signés par les diverses classes.

Sur quoi, il a été délibéré, par acclamation, que le cahier présenté par Mgr l'évêque serait avoué par toutes les classes et regardé comme le cahier général, qu'il serait signé par les commissaires rédacteurs et qu'à ce cahier seraient joints les cahiers des diverses classes.

Mgr l'Évêque a dit que le seul objet qui restait à remplir était de nommer douze électeurs, qui doivent se présenter pour l'ordre du clergé de la Sénéchaussée de Draguignan à l'assemblée de l'arrondissement indiquée le 7 avril prochain.

Sur quoi, l'Assemblée a nommé, par acclamation, Mgr l'évêque pour un des électeurs, et, les voix recueillies pour les autres onze, à autant des *(sic)* reprises différentes, ceux qui ont eu la pluralité des suffrages ont été : M. le curé d'Ampus ; M. le curé de Comps ; M. le curé de Callian ; M. le prévôt de Fréjus ; M. le curé de Bargemon ; M. de Montgrand, prévôt d'Aups ; M. le curé de La Roque ; M. le prieur Maurel ; M. le père Abram, dominicain ; M. le sacristain de Lorgues ; M. Lombard, chanoine de Draguignan.

Mgr l'évêque ayant dit qu'il n'avait plus aucune proposition à faire, le présent procès-verbal a été clôturé et signé, tant par Mgr l'évêque que par tous les membres de l'assemblée, pour être remis par le secrétaire, avec les cahiers de doléances, à M. le lieutenant général de la Sénéchaussée de cette ville, président des trois Ordres du ressort.

(Suivent les signatures).

PROCÈS-VERBAL

DE L'ASSEMBLÉE DE LA NOBLESSE DE LA SÉNÉCHAUSSÉE DE DRAGUIGNAN

L'an mil sept cent quatre-vingt neuf et le vingt-huit du mois de mars, à huit heures du matin, à Draguignan, dans une des salles de la maison des RR. PP. Prècheurs, indiquée par l'ordonnance rendue le jour d'hier par M. le lieutenant général de cette Sénéchaussée, commissaire du Roi; après la prestation de serment des trois Ordres de ladite Sénéchaussée, assemblés en exécution de la lettre du Roi, du deux de ce mois, pour la convocation des États Généraux du Royaume, et attendu le refus des deux autres Ordres d'accepter la réunion proposée par l'ordre de la Noblesse, pour députer en commun ;

Ont été assemblés les membres composant l'ordre de la Noblesse du ressort de ladite Sénéchaussée, à laquelle assemblée ont comparu et ont été inscrits, sans distinction de rang ni de dignités, les mêmes membres qui ont prêté serment, le jour d'hier, entre les mains de M. le lieutenant général de cette Sénéchaussée, commissaire du Roi.

M. de Perrache d'Ampus, chevalier, seigneur d'Ampus, a d'abord présidé l'assemblée, attendu son âge plus avancé que celui d'aucun des autres membres présents.

L'assemblée a ensuite choisi pour secrétaire M. d'Héraud, ancien lieutenant de vaisseau, chevalier de Saint-Louis, et, de suite, procédant à la nomination du président, pour les opérations ultérieures de l'assemblée, a choisi et nommé M. de Perrache, chevalier, seigneur d'Ampus, maréchal des camps et des armées du Roi.

L'assemblée a délibéré ensuite de procéder séparément d'avec les deux premiers Ordres (*sic*) à la rédaction des cahiers des doléances et à la nomination des électeurs de l'ordre de la Noblesse, et que copie en forme de la présente délibération sera remise au commissaire du Roi.

Et, pour procéder à la rédaction du cahier des doléances, l'assemblée a nommé quatre commissaires : MM. de Collomp-Seillans, Perrot du Bourguet, de Giraud d'Agay et de Blanc des Salètes, qu'elle a chargés de ladite rédaction.

Avons reçu une députation de l'ordre du Clergé pour nous communiquer et remettre copie de leur déclaration (*sic*) au Tiers État, exprimant leur adhésion (*sic*) au payement de toute espèce d'imposition, et signé de tous les membres de leur Ordre (*sic*).

Avons fait une députation à l'ordre du Clergé, assemblé dans une des salles du même couvent, pour lui remettre copie de la déclaration que l'ordre de la Noblesse avait fait (*sic*) dès le 26 du présent mois, remis (*sic*) à la maison de ville, où elle avait été signée de chacun des nobles, et par ceux qui arrivèrent successivement, dont la teneur s'ensuit :

« Les nobles soussignés déclarons que nous renonçons à toute exemption pécuniaire, que nous désirons payer tous les impôts royaux et locaux, de la même manière que nos concitoyens, et que notre vœu le plus sincère est le soulagement des peuples. Nous serons tous agréables à notre Souverain, si nous concourons à ses vues bienfaisantes par notre sagesse, et nous affligerions le ministre chéri de la nation, M. Necker, si nous ne profitions pas de ses conseils : il nous exhorte à la tranquillité et à la modération. »

La présente déclaration ,signée par les mêmes membres qui ont prêté serment, le jour du vingt-sept mars, entre les mains de M. le lieutenant général de cette Sénéchaussée, commissaire du Roi, ou autres arrivés postérieurement ou par leurs fondés de procuration, remise au greffier de l'assemblée, après lecture faite à ladite assemblée, par M. de Giraud d'Agay.

Et, attendu que nous avons été avertis que, dans l'assemblée du Tiers Etat, on n'y paraissait pas pleinement satisfait des termes de la déclaration ci-dessus rapportée, nous avons député au lieu de la séance de cet ordre MM. le marquis de Trans, du Bourguet-Perrot, de Collomp-Seillans et de Giraud d'Agay à l'effet de lui réitérer notre vœu et nos expressions dans la déclaration dont il leur (sic) avait été fait lecture le jour d'hier, et remise en original au greffier de leur assemblée (sic). Sur ces nouvelles expressions, l'ordre du Tiers a témoigné la plus grande satisfaction par des applaudissements réitérés.

Nous reçûmes peu de temps après une députation nombreuse du Tiers État, M. Isnard, négociant de cette ville, portant la parole, lequel, en nous témoignant beaucoup de satisfaction de la part du Tiers, sur notre déclaration, nous a néanmoins présenté un modèle d'une nouvelle déclaration rédigée par eux, qu'ils étaient bien aises de recevoir dans les mêmes termes, et sans y rien changer, au risque d'encourir le mécontentement de l'ordre du Tiers ; et ce modèle exprimé comme il suit :

« Nous nobles soussignés.......... » (1).

Cette déclaration remise et laissée sur le bureau, MM. du Tiers État se sont retirés, la Noblesse leur ayant demandé de délibérer.

Et, attendu l'heure tarde, avons renvoyé la séance à cinq heures de relevée.

Assemblés de nouveau, à ladite heure et au même lieu, avons délibéré de ne rien changer aux expressions et au modèle de ladite déclaration, quoique peu conforme au langage et à la manière de dire des nobles ; mais, informés du mécontentement que nous occasionnerions au Tiers État, nous avons, *forcément*, transcrit dans les mêmes termes, le modèle de cette déclaration, et cette copie, signée de tout l'Ordre, a été remise par M. de Scillans, député à cet effet, entre les mains de M. Isnard, négociant de cette ville.

Avons délibéré d'écrire une lettre circulaire à tous les nobles possédant fiefs de la Sénéchaussée, pour les instruire que nous avons exécuté les ordres du Roi,

---

(1) Voir la déclaration insérée au Procès-verbal de l'assemblée des Trois Ordres, page 27.

en nous rendant à l'assemblée, et que nous les invitons
à suivre notre exemple.

Et, attendu l'heure tarde et le jour de dimanche
du lendemain, avons renvoyé la séance au lundi, trente
du présent mois, à huit heures du matin.

(Signé :) Le chevalier de Perrache d'Ampus, président ; d'Héraud, secrétaire.

Le trente dudit mois, à huit heures du matin, nous
nous sommes assemblés, à la même salle des RR. PP.
Prêcheurs. Lecture faite des doléances, et d'après les
changements et additions des commissaires, acceptés
par toute l'assemblée, elles ont été définitivement ar-
rêtées et mises au net, signées ensuite par MM. les
commissaires, le président et nous secrétaire, et, attendu le départ nécessaire de M. de Raffélis de Brovès,
il a établi pour son procureur fondé, M. Perrot du
Bourguet.

Et, attendu l'heure tarde, avons renvoyé la séance au
lendemain trente et un, même heure et lieu.

(Signé :) Le chevalier de Perrache d'Ampus, président ; d'Héraud, secrétaire.

Le trente et un dudit mois, à huit heures du matin,
nous nous sommes assemblés au même lieu, pour procéder à la nomination des douze électeurs, conformément aux ordres du Roi. Les difficultés qui se sont
rencontrées dans la manière de procéder, ayant été
réitérées et débattues, il n'a pas été possible de vaquer

à cette opération avant midi ; au moyen de quoi, la séance a été renvoyée à trois heures de relevée.

A trois heures après midi, nous étant assemblés au même lieu et au nombre de vingt et un, tel qu'il suit :

MM. le chevalier d'Ampus, président (procuration de M. Ravel d'Esclapon) ; le marquis de Trans ; de Villeneuve de Vauclause ; Perrot du Bourguet (procuration de M de Raffélis de Brovès, qui s'est absenté) ; de Collomp-Seillans ; de Giraud d'Agay (procuration de M. d'Agay, son frère) ; de Brun de Favas, ancien capitaine de vaisseau ; de Raimondis, ancien capitaine d'infanterie ; de Raimondis, ancien capitaine de vaisseau ; de Raimondis ; de Sassy (procuration de M. Chieusse de Combaud) ; le comte Leclerc de Lassigny (procuration de M. Commandaire de Taradeau) ; de Périer de la Garde (procuration de M. le chevalier de Flayosc) ; d'Audibert-Caille du Bourguet (procuration de M. Court, coseigneur d'Esclapon) ; de Blanc des Salètes ; d'Ampus ; Pontevès-Bargème (procuration de M. le marquis de Flayosc) ; Rey de Taradeau, père ; d'Hert, ancien capitaine d'infanterie ; Beaudrier de Châteaudouble ; d'Héraud, secrétaire (procuration de Mme Maurel-Reboul de Taradeau).

M. de Verrion d'Esclans s'étant absenté, n'a pas concouru à l'élection.

Avons procédé à la nomination des douze députés qui doivent se trouver à l'assemblée des trois Sénéchaussées pour faire l'élection des députés aux États Généraux. Et, au moment où nous allions faire cette

élection, nous avons reçu une députation du Tiers
État : M. Isnard, négociant de cette ville, portant la
parole, a prononcé un discours qui exprimait la
sensibilité de son Ordre, et ses remerciments sur notre
acceptation de la déclaration qu'ils avaient exigée de
nous, le vingt-huit du présent mois, ainsi qu'il est dit
au rapport de cette séance au présent procès-verbal et
audit jour. Ces Messieurs retirés, M. le président a
requis la continuation de la séance.

Procédant à la nomination des douze députés, suivant les articles 43 et 46 du règlement du Roi, du
vingt-quatre janvier dernier, ces douze députés ont été
nommés ainsi qu'il suit ; les voix connues se sont
réunies en faveur de :

MM. le chevalier d'Ampus, président, maréchal de
camp et des armées ; le marquis de Villeneuve-Trans ;
le baron de Villeneuve-Vauclause de Bargemon ;
d'Agay, ancien capitaine de vaisseau ; du Bourguet-
Perrot, ancien capitaine de vaisseau ; de Raimondis,
ancien capitaine de vaisseau ; de Seillans, ancien chef
d'escadre ; de Giraud d'Agay, ancien capitaine de
vaisseau ; d'Héraud, ancien lieutenant de vaisseau,
secrétaire ; de Brun de Favas, ancien capitaine de
vaisseau ; le comte Leclerc de Lassigny ; d'Ampus ;
seigneur d'Ampus.

Ayant procédé comme dessus, le cahier des doléances a été remis, dûment signé et paraphé, auxdits
électeurs qui ont été chargés de le porter à l'assemblée
de réunion des Sénéchaussées de Draguignan, Grasse
et Castellane, fixée au sept avril prochain, et concou-

rir avec les électeurs desdites Sénéchaussées à la nomination des députés aux États Généraux.

Lecture faite de tout le présent procès-verbal, tous les membres ont signé avec MM. le Président et le Secrétaire.

(Suivent les signatures).

PROCÈS-VERBAL

*de l'assemblée générale de la Sénéchaussée de
la ville de Grasse, en Provence*

Cejourd'hui vingt-sixième du mois de mars mil
sept cent quatre-vingt-neuf, à Grasse, à huit heures
du matin, dans l'église des Révérends Pères Prêcheurs,
attendu l'insuffisance de la salle d'audience, et par
devant nous Louis de Villeneuve, chevalier, seigneur
de Séranon et autres places, conseiller du Roi, sénéchal d'épée de la Sénéchaussée de la même ville, descendant en ligne directe de Roméc de Villeneuve,
baron de Vence, connétable, grand sénéchal et gouverneur de Provence, tuteur et régent de Marie de
Béatrix, comtesse de Provence, reine de Naples et de
Sicile ; présent M. Me Antoine-Honoré Ricord, conseiller, procureur du Roi en la même Sénéchaussée, ont
été convoqués les trois Ordres de ladite Sénéchaussée,
en vertu de la lettre de Sa Majesté, comte de Provence,
du second du courant, des règlements y annexés du
vingt-quatre janvier dernier et second du courant, et
de notre ordonnance du treize de ce mois, et ensuite
des affiches et des proclamations desdits règlements

et ordonnance, mises et faites dans toutes les places, lieux et carrefours accoutumés, et des assignations données, à la requête du procureur du Roi, à tous les évèques, chapitres, corps et communautés ecclésiastiques rentés, réguliers et séculiers des deux sexes, et généralement tous les ecclésiastiques possédant bénéfices ou commanderies et tous les nobles possédant fiefs, et à tous les officiers municipaux des villes, maires, consuls, syndics, préposés et autres officiers de paroisses et communautés de campagne, situées dans l'étendue du ressort de ladite Sénéchaussée, de comparaître cejourd'hui à huit heures du matin, en exécution des mêmes règlements, ainsi qu'il conste par les exploits des quatorze, dix-sept et dix-huit de ce mois, faits par Lions, Ripert, Lautier, Mantegués, Ferran, Barquin, François Mantegués, Brueri et Rebuffel, huissiers royaux, et qui ont été à l'instant déposés sur le bureau par le procureur du Roi, à laquelle assemblée générale des trois Ordres de la Sénéchaussée ont été présents, sans que l'ordre des rangs puisse préjudicier à aucune des parties, savoir :

POUR L'ORDRE DU CLERGÉ (placé à la droite)

Mgr l'évèque de Grasse ; Mres Jean-Baptiste-Marie-Anne-Antoine de Latil, vicaire général du diocèse de Vence, procureur fondé de Mgr l'évèque de Vence, suivant l'acte de procuration du 23 de ce mois, reçu par Mᵉ Béranger, notaire de Vence ; Charles-Hubert Chevretel, chanoine sacristain en l'église cathédrale de cette ville, député du même chapitre, suivant la délibé-

ration capitulaire du 23 de ce mois ; Joseph Savournin,
chanoine, archidiacre du chapitre de l'église cathédrale
de Vence, député du même chapitre, suivant la délibération capitulaire du 23 de ce mois ; Louis-Joseph
Bayon, prêtre bénéficier en l'église cathédrale de
Grasse, député du corps des mêmes bénéficiers, suivant la délibération du 23 de ce mois ; Pierre Abbou,
prêtre bénéficier, capiscol en l'église cathédrale de
Vence, député desdits bénéficiers, par leur délibération
du 21 du courant ; Manne, prieur du Tignet ; Jovi,
prieur de Roquefort ; Roustant, prieur de Saint-Am-
broise ; Pierre-Joseph Varrachan, administrateur du
séminaire de Vence, suivant la lettre du 24 janvier
1789, en qualité de prieur de Verdale et de St-Antonin ;
Jean-Baptiste Chéry, prieur de Thorenc ; Antoine Suche,
prieur de Sainte-Colombe ; François Albanelly, chanoine en l'église cathédrale de Grasse, procureur fondé
de Mre de Geoffroy du Rouret, prieur de Briançon,
suivant l'acte de procuration, du 25 de ce mois, reçu
par Me Séranon, notaire ; Flory, prieur-curé de
Châteauneuf ; Henry, prieur-curé du Broc ; Bonnet,
prieur-curé de Mouans ; Reybaud, prieur-curé de
Cabris ; Mougins de Roquefort, premier curé de la
ville de Grasse ; Dolle, curé de Biot ; Gasq, second
curé de la ville de Grasse ; Bauchière, curé d'Auribeau ;
Darluc, curé de St-Vallier ; Cresp, curé de St-Césaire ;
Pilard, curé de Plascassier ; Preyre, curé de Cannes,
Toussaint, curé du Cannet ; Allègre, curé de Mougins ; Mercurin, curé de la Roquette ; Pugnaire, curé
de Vallauris ; Reybaud, curé de Valbonne ; Chéry,
curé de Roquefort ; Ollivier, curé d'Opio ; Vial, pre-

mier curé de Vence ; Barquier, curé d'Antibes ; Roustan, curé de Saint-Laurent du Var ; Giraudi, curé de Cagnes ; Taladoire, curé de Bezaudun ; Garrel, prêtre, curé de Grolières-Basses, procureur fondé de Mre Charrier, prieur-curé d'Andon, suivant l'acte de procuration du 19 du courant, reçu par Me Testoris, notaire ; Floris, curé de Carros et procureur fondé de Mre Cuge, curé de Gattières, suivant l'acte de procuration reçu le 21 du courant, par Me Lions, notaire de Gattières ; Vial, prêtre-curé de l'église de Vence, en qualité de procureur fondé de Mre Michelis, curé de Bouyon ; Bérard, prieur-curé de Séranon, en qualité de procureur fondé de Mre Amic, curé de Caille, suivant la procuration du 23 du courant, reçu par Me Rebuffel, notaire ; Transtour, curé de Villeneuve ; Laugier, curé de Coursegoules, en qualité de procureur fondé de Mre Laugier, son frère, curé de S_t-Jeannet, suivant l'acte de procuration du 23 du courant, reçu par Me Barrière, notaire ; Langasque, curé de Peimeinade; Giraud, curé de la Colle-St-Paul ; Mallet, curé du Broc ; Blanc, curé de Tourrettes, procureur fondé de Mre Lautier, curé de Courmes, suivant la procuration du 24 de ce mois, reçue par Me Isnard, notaire de Tourrettes ; Angias, curé de Gréolières-Hautes ; Garrel, curé de Gréolières-Basses ; Blanc, curé de Tourrettes ; Audoly, curé de Dosfraires ou de Ste-Marguerite; Bérard, curé de Séranon ; Reynaud, curé de la Val de Roure ; Gleize, curé de St-Auban ; Audoly, procureur fondé de Mre Bonety, prieur d'Amirat ; Gleize, prieur de St-Auban, en qualité de procureur fondé de Mre Durand, curé du lieu de Gars, suivant la procuration du

21 du courant, reçu par Mᵉ Ollivier, notaire ; Darluc, curé de Sᵗ-Vallier, en qualité de procureur fondé de Mʳᵉ Bernard, curé de Mas, suivant la procuration du 21 du courant, reçue par Mᵉ Ollivier, notaire ; Preyre, curé de Cannes, en qualité de procureur fondé de Mʳᵉ Gras, curé de la Napoule, suivant l'acte de procuration du 21 du courant, reçu par Mᵉ Poule, notaire ; R. P. Pons, prieur du couvent des Dominicains et député dudit Ordre, suivant la délibération capitulaire du 19 de ce mois ; R. P. Pons, prieur du couvent des Grands Augustins et député de son Ordre, par délibération capitulaire du 21 du courant ; le R. P. Sauvaigue, député de l'ordre des FF. Mineurs Conventuels, suivant la délibération capitulaire du 23 du courant ; le R. P. Guavarre, religieux Mineur Conventuel d'Antibes, député du même ordre, par la délibération capitulaire du 23 du courant ; Mʳᵉˢ Brueri, prêtre bénéficier en l'église cathédrale de cette ville, en qualité de procureur fondé des dames religieuses du monastère de la Visitation de cette ville de Grasse, suivant l'acte de procuration du 23 de ce mois, reçu par Mᵉ Perrolle, notaire ; Mallet, chanoine archidiacre de l'église cathédrale de Grasse, en qualité de procureur fondé des dames religieuses de Sᵗ-Bernard de la ville d'Antibes, suivant la délibération capitulaire du 23 du courant ; Pugnaire, chapelain de Sᵗ-Pierre-Alexandrin ; Bernard, chapelain de Sᵗ-Honorat ; Pons, chapelain de Sᵗ-Roch ; Bain, chapelain de Notre-Dame d'Espérance ; Mougins de Roquefort, chapelain de Saint-Christophe et Notre-Dame de Gaudes ; Muret, chapelain de Saint-Jean de Malbosc ; Comte, chapelain de Saint-André ; Niel, chapelain des

Dix-mille Martyrs ; Gasq, chapelain de Saint-Martin ; Jambert, chapelain de Notre-Dame du Rosaire [de] Serrat ; Savournin, chapelain de Notre-Dame du Rosaire [de] Vaquier ; Floris, chapelain de Notre-Dame du Rosaire du Bar ; Dolle, chapelain de Notre-Dame du Rosaire de Biot, et en qualité de procureur fondé de Mre Guirard, chapelain de Sainte-Marguerite de Biot, suivant l'acte de procuration du 25 du courant, reçu par Me Durbec, notaire ; Toussaint, chapelain de Notre-Dame de Miséricorde et des Suffrages de Cannes ; Gimbert, chapelain de Notre-Dame de l'Annonciastion de Saint-Césaire.

Le chapelain de Notre-Dame du Rosaire ; et de suite Mre Chauve aurait dit être chapelain de Notre-Dame du Rosaire ;

Et M. Langasque aurait dit être lui-même chapelain de la même chapellenie.

Sur quoi, ouï le procureur du Roi, et après avoir pris l'avis de Mgr l'évèque de Grasse, de Mre de Latil, procureur fondé de Mgr l'évèque de Vence, de M^res Chevretel, chanoine sacristain, député de l'église cathédrale de cette ville, et Mougins de Roquefort, premier curé de la même église ;

Nous, Sénéchal d'épée, avons dit et ordonné que sans préjudice des droits des parties, et sauf et reservé à elles de se pourvoir par devant qui de droit, Mre Chauve, premier possesseur sera seul admis.

Fait à Grasse, dans l'assemblée générale de la Sénéchaussée, le 26e mars 1789.

(Signé :) de Villeneuve, sénéchal.

M^res Causse, prêtre, procureur fondé de Mre Guide, chapelain de Notre-Dame de Seoule de Carros, suivant l'acte de procuration du 20 de ce mois, reçu par Me L. Dolle, notaire d'Antibes ; Albanelly, chapelain de Notre-Dame du Rosaire de Tourrettes ; Chabert, chapelain de St-Antoine du Broc ; Auzias, chapelain du St-Sacrement, de Vence ; Taradoire, chapelain de St-Jean de Tourrettes ; Ricaud, prêtre, député des ecclésiastiques engagés dans les ordres sacrés de cette ville de Grasse, suivant la délibération du 25 de ce mois ; de Latil, procureur fondé du curé de Cagnes, en sa qualité de prieur de St-Jean du même lieu, suivant l'acte de procuration du 24 du courant, notaire Me Béranger ; Merle, prêtre de la ville d'Antibes, en qualité de député des ecclésiastiques non possédant bénéfices de la ville d'Antibes, suivant sa procuration ou soit délibération du 24 de ce mois ; et Preyre, prêtre du lieu de Cannes, député des ecclésiastiques non possédant bénéfices du lieu de Cannes.

Et de suite, MM. les curés de la Sénéchaussée de Grasse, par amour pour la paix, et pour ne point retarder les opérations de la présente assemblée, qui sont celles de la nomination des députés et des doléances, prennent la place qu'on leur désigne, sans que leur acquiescement à cet égard puisse, dans aucun cas, tirer à conséquence, et dans la douce espérance que les États Généraux leur assigneront un rang relatif à leur état et à l'importance de leurs ministères, et M^res Mougins de Roquefort et Gasq, curés de l'église cathédrale et paroissiale de Grasse, ont signé, tant pour eux que pour les autres curés des paroisses.

(Signé :) Mougins de Roquefort, curé, Gasq, curé.

Sur quoi, après avoir ouï le procureur du Roi, M. le Sénéchal d'épée a dit et ordonné, qu'il est concédé acte à tous les curés ci-présents de la déclaration par eux ci-dessus faite, et, de même suite, que l'ordre des dénominations ci-dessus établi et la place que chaque membre du clergé occupe en particulier dans cette assemblée ne pourra tirer à conséquence, en aucun cas, ni préjudicier aux droits des parties, en conformité de l'article 39 du règlement du 24 janvier.

Fait à Grasse, dans l'assemblée générale de la Sénéchaussée, les jour et an que dessus.

(Signé :) de Villeneuve, sénéchal.

POUR L'ORDRE DE LA NOBLESSE (placé à la gauche)

Mres de Lyle-Taulane, chevalier, seigneur de partie de Séranon, chef d'escadre des armées navales de Sa Majesté, retiré, et chevalier de son ordre royal et militaire de St-Louis ; de Court d'Esclapon, seigneur de partie de Séranon ; Jean-Baptiste de Riouffe, noble, non possédant fief ; Marie-Joseph-Jean-Baptiste de Riouffe, noble non possédant fief.

En absence des autres nobles possédant fief et des autres nobles non possédant fief, du ressort de cette Sénéchaussée, quoique dûment assignés par les susdits exploits et en vertu des publications et affiches, non comparants.

POUR L'ORDRE DU TIERS ÉTAT (placé en face)

Communauté de Grasse

MM. Mougins de Roquefort, maire ; Jean de Bona-fous-Daumas, second consul ; Jean-Paul Roustan, troisième consul ; Jean-François Barbery de Roque-brune ; Claude-Henry Roubaud d'Antelmy, avocat en Parlement; Jean-Augustin Tardieu, ancien commissaire des Classes ; Pierre-Henry Mougins, bourgeois, ex-consul ; Maximin Isnard, négociant ; Louis-Dominique Luce, négociant ; Louis Roubaud, l'aîné, négociant ; Henry Roubaud-Lange, négociant, et Antoine-Joseph Bernard, négociant ; tous douze de la ville de Grasse, députés par la délibération de l'assemblée générale du Tiers-État, de la même ville, du 22 de ce mois.

Communauté d'Antibes

MM. Balthazar Martin, consul ; Esprit-Joseph Reille, lieutenant de la judicature royale ; Jacques Bernard, bourgeois ; Antoine Vautrin, avocat ; Guillaume La-marre, notaire ; Pierre-Ignace Bonavie, docteur en médecine, d'Antibes ; tous six députés de la ville d'Antibes, suivant la délibération générale du Tiers-État, de la même ville, du 23 de ce mois.

Communauté de Vence

MM. Jean Savournin, capitaine des canonniers garde-côtes, maire ; Jean-Alexandre Mallet, bourgeois; Alexandre-Pierre Bouyon, bourgeois; Mes Joseph Blanc, notaire ; Antoine Béranger, notaire ; M. Isnard, bourgeois ; tous les six députés de la ville de Vence, suivant la délibération générale du Tiers-État, de la même ville, du 22 de ce mois.

Communauté de Saint-Paul

MM. Christophe Bonnet, maire ; Gaspard Bernard, ex-maire ; Jean-Baptiste Payen, bourgeois, et Me François Layet, notaire ; tous quatre députés de la ville de Saint-Paul, suivant la délibération du Tiers-État, de la même ville, du 22 de ce mois.

Communauté de Cannes

MM. Esprit Viollet, maire ; Joseph Caire, troisième consul; Mes Barthélemy Preyre, avocat en la Cour ; Pierre-Remy Hibert, avocat en la Cour ; tous quatre députés de la communauté de Cannes, suivant la délibération générale du Tiers-État, dudit lieu, du 22 de ce mois.

Communauté de Valauris

Me Paul Girard, avocat en la Cour et notaire ; MM. Joseph Jacomin Joseph Charabot, et Jean-Baptiste

Lisnard ; tous quatre députés de la communauté de Valauris, suivant la délibération générale du Tiers-État de la même communauté.

Communauté de Mougins

MM. Alexandre Pellegrin, maire ; Jean-Charles Icard ; Claude Court ; Joseph Béranger, bourgeois ; tous quatre députés de la communauté dudit lieu, suivant la délibération du conseil du Tiers-État, du 22 de ce mois.

Communauté du Bar

MM. François Gautier, maire ; Joseph Cavalier, chevalier de l'ordre royal et militaire de Saint-Louis ; Charles-César Lautier, maître en chirurgie, et Michel-Mathieu Gautier, négociant ; tous quatre députés de la communauté du Bar, suivant la délibération du conseil de ladite communauté, du 23 de ce mois.

Communauté du Cannet

MM. Jean-François Calvi, second consul ; Jean-François Sardou, et Jean-Joseph Mallet ; tous députés de la communauté dudit Cannet, par délibération du conseil de ladite communauté, du 22 du courant.

Communauté de Mouans

MM. Jacques Giraud, second consul, et Antoine Ipert, ménager ; tous les deux députés de la communauté de

Mouans, par délibération du conseil de la communauté dudit lieu du 22 du courant.

Communauté de Valbonne

MM. Hubert Bermond ; Antoine-Joseph Féraud ; Antoine-Joseph Brunangou ; tous députés de la communauté de Valbonne, suivant les délibérations du conseil général des 22 et 25 de ce mois.

Communauté d'Auribeau

MM. Mathieu Rey, maire ; Jacques Mougins, notaire royal ; tous deux députés de la communauté dudit Auribeau, suivant la délibération du conseil général du 22 de ce mois.

Communauté de Biot

MM. Funel de Clausonne ; Béranger ; Geoffroy ; tous députés de la communauté dudit Biot, suivant la délibération du conseil du 22 du courant.

Communauté de Cabris

MM. Joseph Court, maire ; Honoré Mane, notaire ; Pierre Pelisse ; Pierre-Jacques Roubaud, fils, avocat en la Cour ; tous quatre députés de la communauté, suivant la délibération du conseil général de ladite communauté du 22 de ce mois.

Communaauté de Saint-Césaire

MM. Pierre Rouquier, maire ; François-Lambert

Gagnard, notaire ; Piere Vial, notaire ; tous trois députés de ladite communauté, par délibération du conseil général dudit St-Césaire du 22 du courant.

Communauté de Saint-Vallier

MM. Pierre Court, maire ; Honoré Ollivier, bourgeois ; tous députés de ladite communauté, par la délibération du conseil général de la communauté dudit lieu du 22 du courant.

Communauté de Saint-Jeannet

MM. Louis Bérenger, maire ; Euzière de la Valette, avocat en la Cour ; Thomas Transtour, notaire royal ; tous trois députés de la communauté dudit lieu, par délibération du conseil général de ladite communauté du 22 du courant.

Communauté du Broc

MM. Marc-Antoine de Guis, maire ; Euzière de la Valette, avocat en la Cour ; Raphaël Chabert ; tous trois députés de la communauté dudit lieu, par la délibération du conseil géneral de la communauté du 22 du courant.

Commuuauté de Carros

MM. Etienne Foucachon ; Alexandre Mallet, députés de la communauté dudit lieu, par la délibération du conseil général de ladite communauté du 22 du courant.

Communauté de Gattières

MM. André Ardouin, maire ; Chabert, procureur en la Sénéchaussée de cette ville ; tous les deux députés de la communauté dudit lieu, par la délibération du conseil général de la communauté du 22 du courant.

Communauté de Tourrettes

MM. Joseph Isnard, à feu François ; André Curel, à feu Honoré ; Gaspard Isnard, ménager, députés de la communauté dudit Tourrettes par la délibération du conseil général de ladite communauté du 22 du courant.

Communauté de Cagnes

MM. Guillaume Maurel ; Ambroise Bausse, maire : Pierre Pellegrin ; Dominique Latty ; tous quatre députés de la communauté dudit Cagnes, par la délibération du conseil général de ladite communauté du 22 du courant.

Communauté de Villeneuve

MM. Joseph Blancas, maire ; Jean-Honoré Giraud ; tous deux députés de ladite communauté, par la délibération du conseil général de la communauté dudit lieu du 22 du courant.

Communauté de Saint-Laurent-du-Var

MM. Jean Euzière, notaire royal, maire ; Jean-

Baptiste-César Teissier, chevalier de l'ordre de St-Louis ; tous députés de ladite communauté par la délibération du conseil de ladite communauté du 22 du courant.

Communauté d'Andon

M. Hilaire Michel, maire, seul député de la communauté dudit Andon, par la délibération du conseil général de ladite communauté du 22 du courant.

Communauté de Châteauneuf

MM. Jean-François Giraud, maire, et en absence de Me Marc-Antoine Daver, notaire royal ; Mathieu Giraud, notaire royal ; Cyprien-Laurent Mottet ; tous quatre députés de ladite communauté par la délibération du conseil général de ladite communauté du 22 du courant.

Communauté de Cipières

MM. Laurent Giraud, maire ; Honoré Giraud, second consul, et Joseph Seytre, troisième consul ; tous trois députés de la communauté dudit Cipières, par la délibération du conseil général du 22 du courant.

Communauté de Gréolières

MM. Pierre Dousset, bourgeois ; Antoine Testoris, notaire ; François Lautier ; tous trois députés de la communauté dudit Gréolières, par la délibération du conseil général de ladite communauté du 24 du courant.

Communauté de Gourdon

MM. Étienne Cavalier ; Honoré-Joseph-Maximin Roubaud, avocat en la Cour et procureur ; tous deux députés de la communauté dudit Gourdon, par la délibération du conseil général du 22 du courant.

Communauté de Coursegoules

MM. Jean Gazagnaire, maire ; André Isnard ; Jean-Henry Guizol, et Jean-Henry Isnard ; tous députés de la communauté dudit Coursegoules, par la délibération du conseil général de la communauté du 22 du courant.

Communauté de Courmes

MM. Jean Gazagnaire, maire, et Joseph Euzière, à feu Claude ; tous deux députés de la communauté dudit lieu, par la délibération du conseil de ladite communauté du 22 du courant.

Communauté de Bezaudun

MM. Étienne Foucachon, maire, et Michel Martin, députés par la délibération du conseil de ladite communauté du 22 du courant.

Communauté de Bouyon

MM. Honoré Giraudi, maire, et Pierre Giraudi, députés par délibération du 22 du courant.

Communauté des Ferres

MM. Étienne Merle, maire, député par délibération du 23 du courant.

Communauté de Conségudes

MM. Pierre-Jean Audoli et Alexandre Bérard, députés par délibération du conseil de ladite communauté du 26 du courant.

Et, attendu l'heure de deux de relevée et sur la réquisition du procureur du Roi, nous, Sénéchal d'épée, avons ordonné que la présente assemblée sera continuée demain, 27 de ce mois, à huit heures du matin, et avons fait injonction à tous les membres des trois Ordres de la Sénéchaussée de cette ville de s'y trouver, laquelle ordonnance sera tout présentement notifiée par notre greffier.

Fait à Grasse, dans ladite assemblée générale, ledit jour et an que dessus.

(Signé :) de Villeneuve, sénéchal.

Laquelle notification ayant été tout présentement faite par notre greffier, tous les membres de la présente assemblée ont promis unanimement de se rendre à la continuation de l'assemblée de demain, en exécution de notre ordonnance.

Fait et achevé dans l'assemblée générale de ladite Sénéchaussée, le 26 mars 1789.

(Signé :) de Villeneuve, sénéchal.

Cejourd'hui, 27° du mois de mars 1789, à Grasse, à huit heures du matin, dans l'église des RR. PP. Prêcheurs, et par devant nous, Louis de Villeneuve, chevalier, seigneur de Séranon et autres places, conseiller du Roi, sénéchal d'épée au Siège et ressort de cette [ville] de Grasse, descendant en ligne directe de Romée de Villeneuve, baron de Vence, connétable, grand sénéchal et gouverneur de Provence, tuteur et régent de Marie de Béatrix, comtesse de Provence, reine de Naples et de Sicile, les trois Ordres de la Sénéchaussée de Grasse se seraient rendus dans la même église, en exécution de notre ordonnance dujourd'hui, à laquelle assemblée ont été présents :

M⁹ʳ l'évêque de Grasse et tous les membres de l'ordre du Clergé dénommés dans la séance dujourd'hui, ensemble Mʳᵉ Jean, curé des îles Sainte-Marguerite, qui nous aurait dit n'avoir pu se rendre à notre séance du jour d'hier par rapport au passage de la mer;

Comme aussi tous les membres de l'ordre de la Noblesse dénommés dans la même séance;

Et tous les députés de l'ordre du Tiers-État, également dénommés dans icelle.

Et de suite, sur la réquisition du procureur du Roi, nous, Sénéchal d'épée, avons ordonné qu'il sera tout présentement fait lecture, par notre greffier, des objets mentionnés dans la séance dujourd'hui, après laquelle il sera procédé à la dénomination des autres députés du Tiers-État aux formes de droit.

Fait à Grasse, dans l'assemblée générale de la Sénéchaussée, ledit jour et an que dessus.

(Signé :) de Villeneuve, sénéchal.

Laquelle lecture ayant été faite, il a été procédé à la continuation de [la] dénomination de l'ordre du Tiers-État.

Communauté de la Roque-Estéron

MM. Jean-Antoine Muraire, maire, et Jean Alziari, députés de la communauté, suivant la délibération générale du 24 de ce mois.

Communauté du Rouret

MM. Jean-Baptiste Merle, maire ; Louis Muraire, députés de ladite communauté suivant la délibération du conseil général, du 22 de ce mois.

Communauté de Caussols

MM. Jean-Joseph Mottet, maire ; Claude Aubin, avocat en la Cour ; députés de ladite communauté, suivant la délibération du conseil général du 22 de ce mois.

Communauté de Dosfraires

MM. Charles Briquet et Pierre Rostan, maire, députés de ladite communauté, suivant la délibération du 22 du courant.

Communauté de la Gaude

MM. Jean-Baptiste Béranger et Honoré Garbier, députés de ladite communauté, suivant la délibération du conseil du 22 de ce mois.

Communauté de Fougassières

M. Jean-Baptiste Boniface, seul député de ladite communauté, par la délibération du 22 du courant.

Communauté de la Roquette

MM. Jacques Sassi, maire, et Thomas Bermond, notaire royal, députés de la communauté, suivant la délibération du conseil général du 22 du courant.

Communauté de Pégomas

MM. Jacques Hibier, maire, et Mathieu Rey, tous députés de la communauté, par délibération du conseil général du 22 du courant.

Communauté de Mandelieu

MM. Bernardin Manet, négociant, maire, et Boniface Ardisson, ancien notaire royal, députés de la communauté, par délibération du 22 du courant.

Communauté du Tignet

MM. Jean-Louis Court, syndic, et Honoré Court, députés de la communauté, par délibération du 22 du courant.

Communauté de Valettes

MM. Antoine Lions, à feu Charles, et Pierre Curel, députés, par délibération du 22 de ce mois.

Communauté de Sartoux

MM. François Négrin et Louis Giraud, députés de la communauté, suivant la délibération du 22 de ce mois.

Communauté d'Opio

MM. Jean-Baptiste-Laugier, avocat en Parlement, et Cyprien-Laurent Chauve, marchand, députés de ladite communauté, par la délibération du conseil du 22 du courant.

Communauté de Mas

MM. Jean-François Bernard, maire, et Joseph Rebuffel, députés de la communauté du lieu, suivant la délibération du conseil du 22 du courant.

Communauté d'Aiglun

MM. Jean-Pierre d'Alziari de Malaussène, maire ; Pierre-Joseph Combe, consul, députés de la communauté, suivant la délibération du 22 du courant.

Communauté d'Escragnolles

M. André Chiris, notaire, député de la communauté, par délibération du 20 du courant.

Communauté de Séranon

MM. André Sassi, notaire royal, et Jean Roux,

mᵉ en chirurgie, députés de la communauté, par délibération du conseil général du 22 de ce mois.

Communauté de Caille

M. Étienne Funel, premier consul, seul député, par délibération du 23 du courant.

Communauté de Saint-Auban

MM. André Marin et Laurent Bonhome, députés de ladite communauté, par délibération du conseil général du 22 du courant.

Communauté de Briançon

M. Jean-Honoré Bonnet, maire, seul député de la communauté dudit lieu, par la délibération du 22 de ce mois.

Communauté d'Amirat

M. Raphaël Pailhier, consul, seul député de ladite communauté, par délibération de la communauté dudit lieu du 22 de ce mois.

Communauté de Gars

MM. Jean Ollivier, notaire, et Philippe Gras, maire, députés de la communauté, par la délibération du 22 du courant.

Communauté de Malvans

MM. Antoine Savournin, maire, et Christophe-Jacques-Antoine-Mars Bouis, députés de ladite communauté, par délibération du conseil général du 22 de ce mois.

Communauté de Clermont

MM. Jean Rebuffel, syndic, et Antoine Béranger, députés, par délibération du conseil de la communauté du 22 de ce mois.

Communauté du Puget-Treize-Dames

MM. François Euzière, notaire, et Antoine Pisany, notaire royal, députés de la communauté dudit lieu, par délibération du 22 du courant.

Et de suite, sur la réquisition du procureur du Roi, nous, Sénéchal d'épée, avons ordonné que l'ordre de dénomination ci-dessus établi et la place que chaque membre de l'ordre du Tiers-État occupe en particulier dans l'assemblée ne pourra, dans aucun cas, tirer à conséquence, ni préjudicier aux droits des parties, en conformité de l'article 39 du règlement du 24 janvier dernier.

Fait à Grasse, dans l'assemblée générale de la Sénéchaussée de cette ville, les jour et an que dessus.

(Signé :) de Villeneuve, sénéchal.

Après quoi, sur la réquisition verbale du procureur du Roi, nous, Sénéchal d'épée, avons dit et ordonné que les procureurs fondés, possédant bénéfice, ceux

des communautés, réguliers et séculiers, et tous les
députés ou représentants des villes, bourgs, villages
et communautés de campagne remettront tout incontin-
nant, sur notre bureau les procurations et délibérations
dont ils sont porteurs, pour être, par nous et le procureur du Roi, procédé à leur vérification et légitimation pour, ce fait, être ordonné ce qu'il appartiendra.

Fait à Grasse, dans l'assemblée générale de la Sénéchaussée, ledit jour et an que dessus.

(Signé :) de Villeneuve, sénéchal.

Laquelle rémission et représentation ayant été faite,
il aurait été procédé à la vérification et légitimation
des pouvoirs des procureurs fondés de l'ordre du
Clergé.

Sur quoi et sur la réquisition du procureur du Roi,
M. le Sénéchal, après avoir pris avis de Mgr l'évêque
de Grasse, de Mres Chevretel, chanoine sacristain et
député du chapitre de l'église cathédrale de Grasse,
Jauvi, prieur de Roquefort, et Mougins de Roquefort,
premier curé en l'église cathédrale et paroissiale de
Grasse, aurait dit et ordonné que Mre Varrachon,
administrateur du séminaire de Vence, en qualité de
prieur de Verdeley et de Saint-Antoine, sera admis à
la présente assemblée ; que Mre Reybaud, procureur
fondé de Mre Barlet, curé de la succursale d'Aiglun,
Mre Taladoire, procureur fondé de Mre Audoly, prieur
des Ferres, et Mre Audoly, curé de Sainte-Marguerite,
procureur fondé de Mre Bonnety, prieur d'Amirat, ne

seront point admis à voter dans la présente assemblée, dans leur qualité de procureurs fondés, attendu l'illégitimité des procurations.

Fait à Grasse, dans la susdite assemblée, ledit jour et an que dessus.

(Signé :) de Villeneuve, sénéchal.

Et de suite, il [se] serait présenté Mre Causse, prêtre, en qualité de député du séminaire de cette ville, icelui en qualité de prieur d'Opio, suivant la délibération du 25 de ce mois, lequel aurait été admis.

Et de suite, attendu qu'il n'existe aucun pouvoir dans l'ordre de la Noblesse ;

Il aurait été procédé à la légitimation de toutes les délibérations des villes, bourgs, villages et communautés de campagne du ressort de la Sénéchaussée de cette ville, et M. le Sénéchal, sur la réquisition du procureur du Roi, aurait dit et ordonné que toutes les procurations et députations étaient régulières et légitimes.

Fait à Grasse, ledit jour et an.

(Signé :) de Villeneuve, sénéchal.

M. le procureur du Roi a dit, etc., (*sic*).

Mgr l'évêque de Grasse a dit, etc., (*sic*).

M. Mougins de Roquefort, député de la ville de Grasse, a dit, etc., (*sic*).

Après quoi, sur la réquisition du procureur du Roi,

M. le Sénéchal a dit et ordonné qu'il sera fait lecture, par notre greffier, de la lettre de Sa Majesté du 2 de ce mois, des règlements y annexés des 24 janvier dernier et 2 du courant, de notre ordonnance du 13 de ce mois, et de la lettre de Mgr de Bauveau, gouverneur de Provence, pour que personne n'en prétende cause d'ignorance et qu'ils soient exécutés suivant leur forme et teneur, pour, ladite lecture faite, être ordonné ce qu'il appartiendra.

Fait à Grasse, dans l'assemblée générale de la Sénéchaussée, ledit jour et an que dessus.

(Signé :) de Villeneuve, sénéchal.

Laquelle lecture faite,

Mgr l'évêque de Grasse a dit, tant en son nom qu'à celui de M. l'abbé de Latil, procureur fondé de Mgr l'évêque de Vence, et au nom du clergé des deux diocèses et autres ecclésiastiques appelés à la présente assemblée, ainsi que de tous les corps religieux, que leur vœu est de concourir, par une contribution libre, générale et proportionnée, à tous les impôts royaux, locaux, et ladite déclaration a été signée par Mgr l'évêque de Grasse, par Mre de Latil, en sa qualité, par les deux députés des chapitres de Grasse et de Vence.

(Signé :) † Franc, évêque de Grasse ; Latil, vicaire et fondé de procuration de Mgr l'évêque de Vence ; Chevretel, sacristain, député du chapitre de Grasse ; Savournin, archidiacre, député du chapitre de Vence ; Jauvi, vicaire général, prieur de Roquefort.

MM. les curés ci-présents ont dit que, sans restriction
ni réserves quelconque, ils offrent de contribuer à
toutes les charges royales et locales, à l'instar et en la
même proportion que MM. de l'ordre du Tiers, et ont,
MM. les curés de l'église cathédrale de Grasse,
M^{res} Vial, curé de l'église cathédrale de Vence, et Giraud, curé de la Colle-Saint-Paul, signé au nom et
pour tous les curés.

(Signé :) Mougins-Roquefort, curé de Grasse; Gasq,
curé de Grasse ; Vial, curé de Vence ; Giraud, curé
de la Colle-Saint-Paul.

MM. les syndics, députés des bénéficiers de l'église
de Grasse et de Vence, ont adhéré à l'offre de MM. les
curés et ont signé.

(Signé :) Bayon, député des bénéficiers de Grasse ;
Abou, capiscol, député de l'église cathédrale de Vence.

Les députés des corps religieux et les chapelains des
diocèses de Grasse et de Vence adhèrent à l'offre de
M^{grs} les évêques et des chapitres, ainsi que des prieurs,
et consentent à la contribution égale avec l'ordre du
Tiers-État ; et ont, le R. P. Pons, député de l'ordre des
Prêcheurs, signé, au nom de tous les ordres réguliers ;
M^{res} Pugnaire, chapelain de Saint-Pierre-Alexandrin,
signé, au nom de tous les chapelains de Grasse, et
Albanely, chapelain de Notre-Dame du Rosaire de
Tourrettes, au nom de tous les chapelains du diocèse
de Vence.

(Signé :) F. Pons, député de l'ordre des Prêcheurs, pour et au nom du clergé régulier ; Pugnaire, chapelain, au nom de tous les chapelains du diocèse de Grasse ; Albanely, chapelain, au nom de tous les chapelains du diocèse de Vence.

Les députés des prêtres non possédant bénéfices, de Grasse et de Cannes, ont adhéré à l'offre de MM. les curés et ont signé.

(Signé :) Ricord, député des prêtres de Grasse ; Preyre, député des prêtres de Cannes.

Le député des prêtres d'Antibes, non possédant bénéfices, a adhéré à l'offre faite par Mgrs les évêques et a signé.

(Signé :) Merle, député des prêtres d'Antibes.

Et de suite, sur la réquisitions du procureur du Roi, nous, sénéchal d'épée, avons concédé acte à toutes les classes de l'ordre du Clergé, des offres ci-dessus faites et ordonné qu'elles seraient notifiées à la présente assemblée.

Fait et achevé à Grasse, dans ladite assemblée, ledit jour et an que dessus.

(Signé :) de Villeneuve, sénéchal.

Laquelle notification faite, Mre Louis-Auguste de Lyle, chevalier, seigneur de Taulane et en partie de Séranon, chef d'escadre des armées navales de Sa Majesté, retiré, chevalier de son ordre royal et militaire de Saint-Louis, a dit qu'il n'a comparu à cette assemblée que pour obéir aux ordres du Roi, mais que, comme il ne se trouve que deux possédant fiefs sans y comprendre M. le Sénéchal, l'assemblée de l'ordre de la Noblesse possédant fiefs est insuffisante, et qu'il ne peut y donner ni son opinion, ni sa voix; que d'ailleurs il est âgé de près de 73 années et rempli d'infirmités, ce qui le dispense de toute députation qu'il ne pourrait pas accepter; il observe encore que sa santé ne lui permet pas de continuer à assister à l'assemblée et il prie M. le Sénéchal d'épée de lui permettre de se retirer, et a signé.

(Signé :) Louis-Auguste de Lyle-Taulane, chef d'escadre, retiré.

Sur quoi, ouï le procureur du Roi, nous, Sénéchal d'épée, avons concédé acte à Mre de Lyle de sa réquisition et ordonné qu'il sera tenu de rester [autant] que sa santé le lui permettra.

Fait à Grasse, dans ladite assemblée générale, ledit jour et an que dessus.

(Signé :) de Villeneuve, sénéchal.

Mre de Court d'Esclapon, seigneur de partie de Séranon, a déclaré que, pour ce qui le concerne, il consent à une contribution générale et proportionnelle,

sans vouloir réclamer sur cet objet d'autres privilèges
que ceux qui sont communs à la généralité de la nation,
et a signé.

(Signé :) Court d'Esclapon.

Tous les nobles non possédant fiefs ont adhéré à la
déclaration et à l'offre du S[r] d'Esclapon, et ont signé.

(Signé :) Riouffe ; Riouffe ; le chevalier de Riouffe

Sur quoi, ouï le procureur du Roi, nous, Sénéchal
d'épée, avons concédé acte audit Mre de Court et aux
nobles non possédant fiefs, de leurs déclarations et offres.

Fait à Grasse, dans ladite assemblée, ledit jour et an
que dessus.

(Signé :) de Villeneuve, sénéchal.

L'ordre du Tiers-État, par l'organe de M. Mougins-
Roquefort, maire de Grasse, a dit qu'il avait satisfaction
[de voir] l'ordre du Clergé exprimer des sentiments
capables d'amener une paix inaltérable entre les deux
Ordres ; en conséquence, il déclare que, là où le Clergé
a entendu offrir de contribuer sans restriction et sans
réserve pour le présent et pour l'avenir à toutes les
charges royales et locales établies et à établir, en la
même proportion que le Tiers, en ce cas et non autrement, ce dernier adhère au vœu du premier Ordre,
comme formant l'expression d'un acte de justice ; et,
dans le cas contraire, l'ordre du Tiers-État restera

dans l'intégrité de ses droits pour obtenir de la justice de notre Souverain cette contribution égale que tous les motifs possibles exigent impérieusement ; et MM. Mougins-Roquefort, Louis-Dominique Luce, députés de la ville d'Antibes, Béranger, de celle de Vence, Bonnet, de celle de Saint-Paul, Peyre, député de Cannes, Rouquier, député de Saint-Césaire, et Ollivier, député de Gars, nommés par acclamation de tous les membres de l'ordre du Tiers-État, ont signé pour et au nom du même Ordre.

(Signé :) Mougins-Roquefort ; Luce ; Bernard ; Béranger ; Preyre ; Rouquier ; Ollivier ; Bonnet.

Sur quoi, après avoir ouï le procureur du Roi, nous, Sénéchal d'épée, avons ordonné qu'il est concédé acte à l'ordre du Tiers de la présente déclaration et erdonné qu'elle sera tout présentement lue et notifiée par notre greffier.

Fait à Grasse, dans ladite assemblée, ledit jour et an que dessus.

(Signé :) de Villeneuve, sénéchal.

Laquelle notification faite, Mgr l'évèque de Grasse, tant en son nom qu'à celui de ses adhérents, croit avoir [à] observer que quiconque voudra lire avec attention l'offre qu'il a faite, la trouvera conforme aux demandes et aux désirs de Sa Majesté, et conforme à tout ce qui peut être utile et intéressant aux Tiers-Etat, à raison des contributions, et ont, Mgr l'évèque de

Grasse et Mre de Latil [signé] en [leur] en qualité, tant pour eux que pour leurs adhérents.

(Signé :) ☩ F., évêque de Grasse ; Latil, vicaire général et fondé de procuration de Mgr l'évêque de Vence,

Les curés présents ont dit que la manière avec laquelle ils ont exprimé leurs vœux ne présente aucune équivoque, mais qu'ils déclarent en tant que de besoin avoir fait leur offre relativement et dans le même esprit qui se trouve développé dans la déclaration de l'ordre du Tiers, et ont, les quatre curés dénommés ci-devant, signé au nom et pour tous les curés.

(Signé :) Mougins-Roquefort, curé de Grasse ; Gasq, curé ; Vial, curé ; Giraud, curé de la Colle-Saint-Paul.

Sur quoi, ouï le procureur du Roi, nous, Sénéchal d'épée, avons concédé acte à toutes les parties ci-dessus dénommées, de leurs déclarations.

Fait à Grasse, dans l'assemblée de la Sénéchaussée, ledit jour et an que dessus.

(Signé :) de Villeneuve, sénéchal.

Après quoi, sur la réquisition du procureur du Roi, M. le Sénéchal d'épée a dit et ordonné qu'il est concédé acte à tous les comparants, membres de l'assemblée et ci-dessus dénommés par ordre, de leur comparution, et qu'il est donné défaut contre, savoir :

DANS L'ORDRE DU CLERGÉ

La collégiale de Saint-Paul, le prieur de la Garde, le prieur de Saint-Jean-de-Moulières, le curé de Gourdon, le second curé de Vence, le curé de Saint-Paul, le curé de la Gaude, le curé des Ferres, le curé des Conségudes, le curé de la Roque-Estéron, le curé d'Escragnolles, le curé de Briançon, le curé d'Aiglun, Mre de Lincel, commandeur de Biot, le prieur de la Napoule, le monastère de Saint-Honorat de Lérins, l'Oratoire, le chapelain de Saint-Antoine, celui de Saint-Honoré, celui de Saint-Joseph, celui de Notre-Dame de l'Annonciation, celui de Notre-Dame de Taulane, celui de Saint-Jean du Peirard, celui de Sainte-Anne et Saint-Jacques, ceux de Saint-Joseph d'Antibes, celui de Saint-Charles, celui de Notre-Dame de Miséricorde, celui de Notre-Dame du Rosaire, celui de Notre-Dame du Canadel et de l'Art (sic) [de l'Aspre (?)], de celui de Saint-Joseph de la Colle ;

DANS L'ORDRE DE LA NOBLESSE

MM. de Grasse du Bar, du Puget-Châteauneuf, de Castillon de Roquefort, de Villeneuve-Tourrettes, de Villeneuve-Vence, de Grimaldy de Cagnes, de Passis de Villeneuve, de Durant de Sartoux, de Robert d'Escragnolles, de Théas de Caille, de Villeneuve-Saint-Auban, de Grasse-Briançon, de Geoffroy du Rouret, Mme d'Astier de Thorenc, MM. d'Eoux de Thorenc, de Lombard de Gourdon, de Pontevès d'Amirat, Mme de

Théas de Gars, M. de Montgrand de la Napoule, Mmes de Clapiers de Saint-Césaire et de Mirabeau de Cabris, MM. de Raymondis de Canaux, de Fanton d'Andon, de Châteaudouble· la Valette, de Blacas de Carros, de Barlatier de Mas, de Latour-Roumoules, d'Aydery de Saint-Laurent, de Barcilon de Courmes, Reymond des Conségudes ;

DANS L'ORDRE DU TIERS-ÉTAT

La communauté de la Napoule et les syndics de la Colle-Saint-Paul, non comparant, quoique dûment assignés par les susdits exploits, pour le profit duquel il sera procédé aux formes de droit, et, de même suite, que tous les membres de la présente assemblée, prêteront serment de bien et fidèlement procéder à la rédaction des cahiers ou du cahier général de doléances et à la nomination des députés qui doivent représenter la Sénéchaussée de cette ville, dans l'assemblée générale des trois Sénéchaussées de Grasse, Draguignan et Castellane, indiquée au 7 avril prochain, dans la ville de Draguignan, et ce, dans le nombre fixé par par l'article 4 du règlement du 2 de ce mois ; duquel serment, qui a été tout présentement prêté, savoir . par Msr l'évêque de Grasse et tous les ecclésiastiques dénommés, *ad pectus*, et par tous les autres membres de l'assemblée, dans la forme ordinaire, M. le Sénéchal en a concédé acte.

Fait et achevé à Grasse, dans l'assemblée générale de la Sénéchaussée, ledit jour et an que dessus.

(Signé :) de **Villeneuve**, sénéchal.

Et, attendu l'heure de deux de relevée, ouï sur ce le procureur du Roi, nous, Sénéchal d'épée, avons ordonné que la présente assemblée sera continuée cejourd'hui, à 4 heures de relevée précises, et que la présente ordonnance sera tout présentement notifiée à la présente assemblée.

Fait à Grasse, dans ladite assemblée générale, ledit jour et an que dessus.

(Signé :) de Villeneuve, sénéchal.

Laquelle notification ayant été faite par notre greffier, tous les membres de la présente assemblée ont promis unanimement de se rendre à l'assemblée de cejourd'hui, en exécution de ladite ordonnance.

Fait et achevé à Grasse, dans l'assemblée générale de la Sénéchaussée de la ville, ledit jour et an que dessus.

(Signé :) de Villeneuve, sénéchal.

Du 27 mars 1789, à Grasse, à 4 heures de relevée, dans la même église et par devant nous, Louis de Villeneuve, chevalier, seigneur de Séranon, baron de Mouans et de Sartoux, conseiller du Roi, sénéchal d'épée de la Sénéchaussée de la même ville, descendant en ligne directe de Romée de Villeneuve, baron de de Vence, connétable, grand sénéchal et gouverneur de Provence, tuteur et régent de Marie de Béatrix, comtesse de Provence, reine de Naples et de Sicile ; les trois Ordres de la Sénéchaussée de cette ville ont été de nouveau assemblés, en exécution de notre ordonnance de cejourd'hui, à laquelle assemblée ont été présents :

Mgr l'évêque de Grasse et tous les députés de l'ordre du Clergé, mentionnés dans la séance dujourd'hui;

Les membres de l'ordre de la Noblesse dénommés dans la même séance ;

Et tous les députés de l'ordre du Tiers État, dénommés également dans icelle.

Et de suite, sur la réquisition du procureur du Roi, nous, Sénéchal d'épée, avons ordonné qu'il sera tout présentement fait lecture par notre greffier de la séance de cejourd'hui.

Fait et achevé à Grasse, dans ladite assemblée générale de la Sénéchaussée, ledit jour et an que dessus.

(Signé :) de Villeneuve, sénéchal,

Laquelle lecture faite, les six députés de la ville de Vence ont représenté qu'ils croient devoir aux sentiments patriotiques de M. de Villeneuve-Vence, de présenter à l'assemblée une lettre qu'il a bien voulu écrire aux sieurs consuls et communautés, dont ils sont représentants, et qui leur a été envoyée hier au soir. Il est d'autant plus essentiel pour eux de la faire connaître, que M. le marquis de Vencé, avec le désir le plus intime pour paraître à cette assemblée en

personne ou par procureur, ne peut avoir cet avantage,
puisque l'assemblée est actuellement formée, et qu'il
est impossible que sa procuration puisse arriver dans
un temps utile, ils prient M. le Sénéchal de vouloir
bien permettre la lecture de la lettre de M. le marquis
Villeneuve-Vence, du 17 de ce mois, dont la rémission
a été tout présentement faite sur le bureau par les six
députés qui ont signé.

(Signé :) Savournin, maire ; Béranger ; Malet ;
Louis Isnard, Bouyon, Blacas.

Sur quoi et sur la réquisition du procureur du Roi,
M. le Sénéchal d'épée a dit et ordonné qu'il sera fait
lecture de ladite lettre, dans la présente assemblée.

Fait à Grasse, dans l'assemblée générale de la Sénéchaussée, ledit jour et an que dessus.

(Signé :) de Villeneuve, sénéchal.

Laquelle, lecture faite, a été retirée par les six députés. Tous les membres de l'ordre du Clergé et de celui
de la Noblesse ont unanimement et par acclamation,
applaudi aux sentiments patriotiques de M. de Villeneuve et ont tous témoigné leur satisfaction.

L'ordre du Tiers-État, après avoir entendu la lecture
de la lettre de M. le marquis de Vence adressée à la
communauté de la même ville, avec désir d'être ma-
nifestée dans la présente assemblée, laquelle porte que
ledit seigneur marquis renonce à tout privilège pécuniaire et demande de supporter, dans la plus parfaite

égalité, toutes les charges publiques, a applaudi par
acclamation au vœu de M. le marquis de Vence, et l'a
accepté comme un témoignage de son amour pour le
bien de la nation et de ses sentiments patriotiques qui
ajoutent un nouveau lustre à sa naissance et à sa
vertu ; le vœu est d'autant plus précieux à l'ordre du
Tiers, qu'il a été formé sous les yeux et sous les aus-
pices du président de cette assemblée (Mre Louis de
Villeneuve, sénéchal d'épée) ; le même sang qui coule
dans ses veines lui a fait exprimer les mêmes sentiments,
et ils lui ont attiré les applaudissements de toute l'assemblée. Les élans de patriotisme qui se sont élevés
en sa faveur ont donné un nouveau lustre à sa naissance et à son cœur, et les huit députés nommés dans
la séance de ce matin, par acclamation, par l'ordre du
Tiers, ont signé.

(Signé :) Mougins-Roquefort ; L. Luce ; Bernard ;
Bonnet ; Béranger ; Rouquier ; Preyre ; Olivier.

Et de même suite, sur la réquisition du procureur
du Roi, M. le Sénéchal d'épée a dit et ordonné que
l'ordre de la Noblesse [se retirera] dans la salle du
conseil et le Tiers-État restera rassemblé dans la
présente église, chaque ordre sous l'autorisation déterminée par l'article 41 du règlement du 24 janvier dernier pour être, par lesdits ordres, procédé, en conformité
de l'article 11 de notre ordonnance du 13 de ce mois,
à la délibération à prendre séparément pour décider
s'ils procéderont conjointement ou séparément à la rédaction de leurs cahiers de doléances et à l'élection des

députés pour l'assemblée générale des trois Sénéchaussées, pour, lesdites délibérations prises et à nous remises, être ordonné ce qu'il appartiendra.

Fait à Grasse, à l'assemblée générale de la Sénéchaussée, ledit jour et an que dessus.

(Signé :) de Villeneuve, sénéchal.

Et de même suite, tous les membres des trois Ordres ont déclaré unanimement qu'ils voulaient procéder séparément à la rédaction de leur cahier de doléances et à l'élection de leurs députés.

Sur quoi et sur la réquisition du procureur du Roi, M. le Sénéchal d'épée a dit et ordonné qu'il est concédé acte aux ordres du Clergé, de la Noblesse et du Tiers-État de la déclaration unanime que tous leurs membres ont faite, de vouloir procéder séparément et, au moyen de ce, qu'il n'y a lieu de procéder à la délibération ci-dessus ordonnée, et de même suite, que l'ordre du Clergé et l'ordre de la Noblesse se retireront dans les salles ci-dessus indiquées, et le Tiers-État restera rassemblé dans la présente église, chaque Ordre sous l'autorisation déterminée par l'article 41 du règlement du 24 janvier dernier, pour être procédé, dans chaque Ordre, à la nomination des commissaires pour procéder d'abord à la rédaction de son cahier de doléances, et ensuite à l'élection des députés pour l'assemblée générale des trois Sénéchaussées, fixée au 7 avril prochain, dans la proportion déterminée par l'article 4 du règlement du 2 de ce mois, de tout quoi il sera

dressé procès-verbal par chaque Ordre, pour, lesdits
cahiers finis, les nominations des députés faites et les
procès-verbaux dressés, nous être remis mardi prochain,
31 de ce mois, à 8 heures du matin, jour et heure à laquelle l'assemblée sera continuée, pour être ensuite
ordonné ce qu'il appartiendra, et, en outre, que notre
ordonnance sera notifiée par notre greffier, et qu'injonction sera faite à tous les membres des Trois Ordres de se
trouver fidèlement à l'assemblée de leur Ordre particulier et à l'assemblée générale que nous avons indiquée au 31 de ce mois.

Fait à Grasse, dans l'assemblée générale de la Sénéchaussée, ledit jour et an que dessus.

(Signé :) de Villeneuve, sénéchal.

Laquelle notification ayant été tout présentement faite
par notre greffier, l'ordre du Clergé et l'ordre de la
Noblesse se seraient retirés dans les salles qui leur ont
été désignées.

Et ainsi que dessus, il a été par nous procédé au
présent verbal, et nous nous sommes soussigné avec
le procureur du Roi et notre greffier.

Fait à Grasse, dans l'assemblée générale des Trois
Ordres de la Sénéchaussée, le 27 mars 1789.

(Signé :) de Villeneuve, sénéchal ; Ricord, procureur
du Roi, et Maubert, greffier.

En exécution de notre ordonnance du 27 de ce mois,

et cejourd'hui, 31 mars 1789, à 8 heures du matin, dans la même église, et par devant nous, Louis de Villeneuve, chevalier, seigneur de Séranon, baron de Mouans et de Sartoux, conseiller du Roi, sénéchal au Siège et ressort de cette ville de Grasse, descendant en ligne directe de Romée de Villeneuve, baron de Vence, connétable, grand sénéchal et gouverneur de Provence, tuteur et régent de Marie de Béatrix, comtesse de Provence, reine de Naples et de Sicile, les Trois Ordres de la Sénéchaussée de cette ville de Grasse ont été de nouveau assemblés, à laquelle assemblée ont été présents :

Mgr l'évêque de Grasse et tous les ecclésiastiques possédant bénéfices, dénommés dans la séance du 26 de ce mois;

Tous les nobles possédant fiefs et tous les nobles non possédant fiefs ;

Et tous les députés de l'ordre du Tiers-État, dénommés dans la même séance.

Et de suite, M. le procureur du Roi a dit qu'il vient de recevoir de la cour du Parlement deux arrêts des 26 et 27 de ce mois, qui invitent les trois Ordres de cette Province à concourir à une union générale et il a requis qu'il en fut fait lecture pour qu'ils fussent manifestés de la manière la plus solennelle et qu'un exemplaire desdits arrêts serait remis à chacun desdits trois Ordres, et a signé.

(Signé :) Ricord, procureur du Roi.

Sur quoi, nous, Sénéchal d'épée, avons ordonné qu'il

serait fait lecture desdits arrêts et que rémission en serait faite par notre greffier, à chacun des trois Ordres.

Fait à Grasse, dans l'assemblée générale des trois Ordres de la Sénéchaussée, ledit jour et an que dessus.

(Signé :) de Villeneuve, sénéchal.

Laquelle lecture faite, ladite rémission des arrêts a été tout présentement faite à chacun des trois Ordres.

Et de suite, Mgr l'évêque de Grasse, tant en son nom qu'en celui de Mre de Latil, procureur fondé de Mgr l'évêque de Vence, et en celui de tout l'ordre du Clergé de cette Sénéchaussée, voulant donner la preuve la plus authentique de leur dévouement et de leur zèle pour le bien public, a déclaré qu'il offre de contribuer d'une manière libre, générale et proportionnelle et sans restriction ni réserve, à tous les impôts royaux et locaux, comme l'ordre du Clergé [requérant (?)] qu'il soit concédé acte de la présente déclaration, et ont Mgr l'évêque de Grasse et Mre de Latil, signé, au nom de tout l'ordre du Clergé.

(Signé :) + Franc., évêque de Grasse ; Latil, vicaire général et procureur fondé de Mgr l'évêque de Vence.

Et de suite, sur la réquisition du procureur du Roi, M. le Sénéchal d'épée a dit et ordonné que la déclaration ci-dessus faite par l'ordre du Clergé sera notifiée à la présente assemblée.

Fait à Grasse, ledit jour et an que dessus.

(Signé :) de Villeneuve, sénéchal.

Laquelle notification faite, MM. de l'ordre de la Noblesse et de l'ordre du Tiers-État ont applaudi, par acclamation, aux vœux portés par Mgᵈ l'évêque de Grasse et Mʳᵉ de Latil, procureur fondé de Mgʳ l'évêque de Vence, tant en leur nom qu'en celui de l'ordre du Clergé, et l'ont accepté comme l'expresssion de leur zèle pour les intérêts de la nation et de leur amour pour le peuple, et ont, tous les membres de l'ordre de la Noblesse et les huit membres de l'ordre du Tiers-État dénommés dans les présentes séances, [signé].

(Signé :) Lyle-Taulane, chef d'escadre, retiré ; Court d'Esclapon ; de Riouffe ; Riouffe ; le chevalier de Riouffe ; Mougins-Roquefort, maire de Grasse ; L. Luce ; Bernard ; Beranger ; Preyre ; Bonnet ; Rouquier ; Olivier.

Après quoi, les trois députés de la communauté de Saint-Jeannet ont prié M. le Sénéchal de vouloir permettre qu'il soit fait lecture de la lettre que M. le marquis de Villeneuve-Tourrettes leur a adressée, qui exprime les sentiments de dévouement et de désintéressement dont il est animé pour le bien public et par laquelle il consent à une contribution générale, et ont signé.

(Signé :) Euzière de la Valette, député de Saint-Jeannet; Béranger; Transtour.

A laquelle réquisition ont adhéré les députés de la Gaude et de Tourrettes, qui ont l'avantage d'avoir M. le marquis de Villeneuve-Tourrettes pour leur seigneur, et ont signé.

(Signé :) Béranger ; Garbier; Curel ; Isnard.

Sur quoi, et sur la réquisition du procureur du Roi, nous, Sénéchal d'épée, avons ordonné qu'il sera tout présentement fait lecture de la lettre de M. le marquis de Villeneuve-Tourrettes, du 29 du courant.

Fait à Grasse, dans l'assemblée générale des trois Ordres de la Sénéchaussée, ledit jour et an que dessus.

(Signé :) de Villeneuve, sénéchal.

Laquelle lecture faite, les trois Ordres de la Sénéchaussée ont applaudi, par acclamation, aux sentiments de M. de Villeneuve-Tourrettes et ont témoigné leur satisfaction, et, de suite, les députés de Saint-Jeannet ont retiré ladite lettre.

Et de suite, sur la réquisition du procureur du Roi, nous, Sénéchal d'épée, avons ordonné qu'il sera fait lecture de l'arrêt de la cour du Parlement de cette province, du 26 de ce mois, contenant la sollicitation

de la Cour pour prévenir tout accaparement avec monopole des blés et autres grains de première nécessité, et pour assurer dans toute la Province l'abondance générale.

Fait à Grasse, dans l'assemblée générale des trois Ordres de la Sénéchaussée, ledit jour et an que dessus.

(Signé :) de Villeneuve, sénéchal.

Lecture faite de cet arrêt, tous les Ordres de la Sénéchaussée de Grasse ont unaniment offert de faire tous les sacrifices que les circonstances peuvent exiger de leur sentiment et de leur patriotisme, et ont prié M. le procureur du Roi de vouloir bien exprimer à la cour souveraine du Parlement, le témoignage de leur reconnaissance et de la sollicitude continuelle avec laquelle cette Cour auguste s'occupe d'assurer le repos et le bonheur public, et dont ses arrêts sont une preuve authentique ; et de suite, M. le Sénéchal a dit qu'il regarde comme un bonheur de pouvoir offrir à la communauté de Grasse une quantité de cent charges de blé, qu'il peut avoir dans ses greniers, au prix que les consuls croiront devoir fixer, regrettant de n'en avoir pas davantage pour assurer l'abondance de cette denrée, et a signé.

(Signé :) de Villeneuve, sénéchal.

Mgr l'évêque de Grasse a dit qu'il remettra, dans la journée à MM. les consuls de Grasse, la somme de

3,000 livres pour assurer l'abondance des grains et
soulager la classe la plus indigente du peuple, et qu'il
assure à la présente assemblée que tous les lieux dont
il est seigneur temporel et spirituel se ressentiront de
ses bienfaits et de sa bienfaisance, et a signé.

(Signé :) ✝ Franc., évêque de Grasse.

Mre de Latil, en sa qualité de procureur fondé de
Mgr l'évêque de Vence, a dit que sa qualité ne lui permet pas d'exprimer ses regrets sur l'impuissance où
sa position le met de ne pouvoir déclarer la quotité des
dons que Mgr l'évêque de Vence se propose de faire
dans la circonstance actuelle ; mais il atteste à la présente assemblée que la générosité naturelle de Mgr l'é-
vêque de Vence ne se démentira point et qu'il étendra
ses libéralités sur toutes les paroisses de son diocèse,
et a signé.

(Signé :) L'abbé de Latil, vicaire général et fondé
de procuration de Mgr l'évêque de Vence.

MM. les curés de la Sénéchaussée de Grasse, présents
à cette assemblée, ont déclaré que chacun d'eux, dans
leur paroisse, fera dans le cours des fêtes de Pâques
prochaine, toutes les aumônes que la modicité de leur
revenu leur permettra de faire, et ont, MM. Mougins-
Roquefort, premier curé de Grasse, et Vial, premier
curé de Vence, signé au nom de tous les curés du
ressort.

(Signé :) Mougins-Roquefort, curé de Grasse, pour

lui et pour tous les autres curés de la Sénéchaussée ; Vial, curé de Vence, pour lui et pour tous les autres curés de la Sénéchaussée.

Mre Chevretel, chanoine sacristain, député du chapitre de l'église cathédrale de cette ville, a dit que le chapitre, pénétré des besoins des pauvres honteux, se fait un devoir de déclarer qu'il concourra par tous ses efforts à soulager cette classe de citoyens malheureux, et a signé.

(Signé :) Chevretel, sacristain, député.

Mre Savournin, chanoine archidiacre et député du chapitre de l'église cathédrale de Vence, a déclaré, au nom dudit chapitre, qu'il se réunira à Mgr l'évêque de Vence pour concourir avec lui à soulager tous les besoins des paroissiens du diocèse de Vence, et a signé.

(Signé :) Savournin, archidiacre, député du chapitre de Vence.

Les religieux ci-présents à l'assemblée ont déclaré unanimement qu'ils remettront à MM. les curés, chacun dans la ville de leur résidence, une somme proportionnée à leur revenu pour secourir la classe indigente des pauvres honteux ; le R. P. Pons, député de l'ordre des Prêcheurs, a signé au nom de toutes les communautés religieuses.

(Signé :) F. Pons. dominicain, député des ordres religieux.

Le séminaire de la ville de Grasse, en sa qualité de

prieur d'Opio, a déclaré qu'il fera remettre à MM. les consuls de cette ville la somme de 100 livres et à MM. les consuls d'Opio, la somme de 50 livres pour soulager la classe la plus indigente du peuple, témoignant ses regrets de ce que la modicité des revenus du séminaire ne lui permet pas de faire une libéralité considérable, et M^{res} Jauvi, supérieur du séminaire, et Causse, député, ont signé.

(Signé :) Jauvi, supérieur du séminaire, vicaire général ; Causse, prêtre, député du séminaire.

Mre Jauvi, vicaire général du diocèse de Grasse et prieur de Roquefort, a déclaré qu'il fera remettre à MM. les consuls de cette ville la somme de 100 livres et à MM. les consuls de Roquefort la somme de 50 livres pour concourir, autant que ses facultés peuvent lui permettre, au soulagement des malheureux, et a signé.

(Signé :) Jauvi, vicaire général, prieur de Roquefort.

Tous les membres de l'ordre de la Noblesse, pénétrés du désir de concourir au bien public, ont offert de faire distribuer dans toutes les paroisses, où ils résident ou de leurs fiefs, la somme de 1,200 livres, pour être répartie proportionnellement sur la classe la plus indigente du peuple, et ont signé.

(Signé :) Court d'Esclapon ; de Riouffe ; Riouffe ; le chevalier de Riouffe.

Les consuls de la ville de Grasse, par l'organe de M. Mougins-Roquefort, leur maire, ont déclaré qu'ils regardaient la présente assemblée comme formant le signal de l'union des trois Ordres ; que, pour concourir à ces sentiments de paix et de concorde, seconder la joie publique et soulager le peuple, ils allaient donner des ordres pour faire diminuer le taux du pain ; qu'ils avaient fait un approvisionnement de blé, au nom de la communauté, pour pourvoir à la subsistance commune, qu'en ayant été vendu une partie, ils avaient pourvu à un nouveau approvisionnement, qui, en assurant cette fourniture de première nécessité, garantira le public de toute augmentation quelconque ; et ledit M. Mougins-Roquefort, maire, MM. Bonafoux et Roustan, ses collègues, ont ajouté qu'ils allaient faire distribuer, à leurs frais, du pain aux pauvres, à l'effet de participer, en ce qui les concernait, au soulagement de la classe la plus indigente de la ville qu'ils administrent, et ont signé.

(Signé :) Mougins-Roquefort, maire ; Bonafoux et Roustan, consuls.

Les députés des communes ont déclaré, de leur côté, qu'ils adhèrent aux différents vœux qui viennent d'être exprimés et que, rendus dans le sein de leur communauté, ils prendront toutes les mesures convenables pour pourvoir au soulagement de leurs communistes pauvres, et ont, les huit députés choisis pour l'ordre du Tiers et ci-dessus dénommés, signé.

(Signé :) Mougins-Roquefort ; Luce ; Bernard ; Preyre ; Bonnet ; Bérenger ; Rouquier et Ollivier.

Les négociants de la ville de Grasse, présents, tant pour eux que pour les absents, dont ils ont interprété les sentiments d'après la connaissance qu'ils ont du bon esprit qui les anime, offrent, au nom du commerce de la ville en général, la somme de 2,400 livres dont l'emploi sera fait par les personnes qu'ils proposeront en faveur des citoyens indigents, et par préférence de ceux qu'ils emploient dans l'exercice de leurs professions respectives ; ils regrettent que le petit nombre de négociants présents ne leur permette pas d'offrir en ce moment une somme plus considérable, et ont, MM. Louis-Dominique Luce, Maximin Isnard et Louis Roubaud, signé.

(Signé :) L. Luce ; Maximin Isnard et Roubaud, l'aîné.

Sur quoi et sur la réquisition du procureur du Roi, nous, Sénéchal d'épée, avons concédé acte à Mgr l'évèque de Grasse et à tous les membres des Ordres ci-dessus dénommés, de leurs déclarations et offres, et ordonné qu'il en sera fait tout présentement lecture.

Fait à Grasse, dans ladite assemblée, ledit jour et an que dessus.

(Signé :) de Villeneuve, sénéchal.

Laquelle notification faite, tous les membres de cette assemblée ont applaudi, par acclamation, aux sentiments généreux de Mgr l'évèque de Grasse et à tous les membres des Ordres ci-dessus dénommés, et témoigné de la manière la plus publique et la plus solennelle l'hommage de leur sincère reconnaissance.

Après quoi, sur la réquisition du procureur du Roi, nous, Sénéchal d'épée, avons ordonné que l'ordre du Clergé, l'ordre de la Noblesse et l'ordre du Tiers-État remettront tout incontinent leurs cahiers de doléances et les procès-verbaux par eux dressés, pour être par nous paraphés, et être ensuite ordonné ce qu'il appartiendra.

Fait à Grasse, dans ladite assemblée générale des trois Ordres de la Sénéchaussée, ledit jour et an que dessus.

(Signé :) de Villeneuve, sénéchal.

Et de suite, l'ordre du Clergé aurait remis son cahier de doléances que nous avons trouvé contenir 41 pages d'écriture et que nous avons trouvé signé par MM. Chevretel, Bayon, Floris, Giraud, Mallet, Chéry, Cresp, le R. P. Pons, Albanelly et Jauvi, commissaires dudit Ordre, par Mgr l'évèque de Grasse, président de l'ordre du Clergé, et par Mre Preyre, secrétaire du même Ordre, lequel cahier et susdit procès-verbal, nous avons à l'instant signé à la fin de chacun d'eux et paraphé *ne varietur*.

Et ayant vérifié l'élection des neuf députés qui doivent assister pour ledit Ordre à l'assemblée générale des trois Sénéchaussées de Draguignan, Grasse et Castellane, indiquée en la ville de Draguignan, le 7 avril prochain, nous aurions reconnu qu'on avait élu dans ledit Ordre :

MM. Mougins-Roquefort, premier curé de Grasse ; Honoré Vial, premier curé de Vence ; Jean-Baptiste Manne, prieur du Tignet ; le R. P. Pons, augustin, pour les communautés régulières ; Jean-Baptiste Giraud, curé de la Colle-Saint-Paul ; Antoine Barquier, curé d'Antibes ; Honoré Cresp, curé de Saint-Césaire ; Augustin Gleize, prieur-curé de Saint-Auban ; et Louis-Joseph Bayon, prêtre, bénéficier de l'église cathédrale de Grasse.

Après quoi, l'ordre de la Noblesse a dit que l'insufisance de leurs membres ne leur a pas permis de dresser un procès-verbal de leurs opérations ; ils se réfèrent à l'offre qu'ils ont faite d'une contribution générale et sans exception ni réserve, et ils se soumettent à tout ce que la justice et la bienfaisance de notre auguste monarque détermineront dans sa sagesse pour le bonheur public. A l'égard de l'élection des membres de la Noblesse qui doivent se rendre à l'assemblée générale des trois Sénéchaussées, ils déclarent qu'ils nomment pour leurs députés : MM. Court d'Esclapon, seigneur de partie de Séranon ; Marie-Joseph-Jean-Baptiste de

Rioufle ; Jean-Charles de Riouffe et Jean-Baptiste de Riouffe, ci-présents, regrettant de ne pouvoir pas nommer d'autres membres pour assister à la même assemblée, et ont, lesdits quatre membres de la Noblesse ci-dessus dénommés, signé.

(Signé :) Court d'Esclapon ; de Riouffe ; Riouffe ; le chevalier de Riouffe.

Sur quoi, et sur la réquisition du procureur du Roi, nous, Sénéchal d'épée, avons concédé acte aux membres de la Noblesse ci-dessus dénommés de leur présente élection.

Fait à Grasse, dans l'assemblée générale des trois Ordres de la Sénéchaussée, les jour et an que dessus.

(Signé :) de Villeneuve, sénéchal.

Après quoi, l'ordre du Tiers-État aurait remis son cahier de doléances et le procès-verbal par lui dressé, et nous aurions reconnu que ledit cahier de doléances contenait 20 pages d'écriture, qu'il était signé par MM. Mougins-Roquefort, Luce, Reille, Bonnet, Bouyon, Roubaud, fils, Preyre, Euzière de la Valette, Gauthier, Ollivier et Chabert, commissaires députés de l'ordre du Tiers-État, par M. de Fanton d'Andon, lieutenant général, président dudit Ordre, et par M⁰ Maubert, notre greffier, ensemble divers autres cahiers de doléances particulières des communautés ou des corporations.

Et ayant ensuite vérifié l'élection des dix-huit députés qui doivent, pour et au nom dudit Ordre, assister à l'assemblée générale des trois Sénéchaussées, indiquée au 7 avril prochain, nous aurions vérifié qu'on avait élu :

MM. Mougins-Roquefort, maire de Grasse ; Bonnet, de Saint-Paul ; Bernard, ancien maire d'Antibes ; Savournin, maire de Vence ; Hibert, avocat de Cannes, Bonafous-Daunnas, second consul de Grasse ; Bérenger, bourgeois de Mougins ; Roubaud d'Antelmy, de Grasse ; Louis-Dominique Luce, négociant de Grasse ; Bérenger, bourgeois de Biot ; Bernard, ancien maire de Saint-Paul ; Jean-François Barbéry-Roquebrune, bourgeois ; Maximin Isnard, négociant de Grasse ; Jacques Euzière de la Valette, avocat de St-Jeannet ; Reille, d'Antibes, lieutenant de juge en la judicature ; Gazagnaire, bourgeois de Coursegoules ; Ollivier, notaire de Gars ; Blacas, maire de Villeneuve.

Et de même suite, nous aurions signé ledit cahier de doléances et ledit procès-verbal à la fin d'iceux et nous les avons paraphés *ne varietur*.

Après quoi, sur la réquisition du procureur du Roi, nous, Sénéchal d'épée, avons dit et ordonné que les neuf députés de l'ordre du Clergé, les quatre députés de l'ordre de la Noblesse, et les dix-huit députés de l'ordre du Tiers-État, de la Sénéchaussée de cette ville de Grasse, prêteront serment, savoir : les députés de l'ordre du Clergé *ad pectus*, et les députés de l'or-

dre de la Noblesse, et ceux des députés de l'ordre du
Tiers-État, à la manière accoutumée, de se rendre à
l'assemblée générale des trois Sénéchaussées de Draguignan, Grasse et Castellane, indiquée au 7 avril
prochain, pour porter les cahiers de doléances des
ordres du Clergé et du Tiers-État, et de procéder fidèlement, chacun pour son Ordre respectif et dans la
forme ordinaire, à l'élection des députés qui doivent
être nommés pour représenter aux États Généraux,
les trois Ordres desdites trois Sénéchaussées, duquel
serment, que tous les députés des trois Ordres ont présentement prêté, savoir : les députés de l'ordre du
Clergé *ad pectus*, et les députés de l'ordre de la Noblesse et ceux de l'ordre du Tiers-État, dans la forme
ordinaire, nous leur avons concédé acte ; et de même
suite, nous aurions remis le cahier de doléances du
Clergé, ainsi que le procès-verbal du même Ordre, à
Mre Antoine-Boniface Mougins-Roquefort, premier
curé de Grasse et premier député dans l'ordre du
Clergé.

Après quoi, nous aurions remis le cahier de doléances
du Tiers-État, ainsi que le procès-verbal du même Ordre, à M. Mougins-Roquefort, le premier des députés
du même Ordre, ordonnant, en outre, que tous les
cahiers de l'ordre du Clergé et de l'ordre du Tiers-État
seront directement remis, avec les procès-verbaux des
mêmes Ordres, aux députés qui seront nommés dans
l'assemblée générale des trois Sénéchaussées de Draguignan, Grasse et Castellane, indiquée à Draguignan
et fixée au 7 avril prochain, pour représentee auxdits

États Généraux lesdites trois Sénéchaussées, pour être ensuite, par lesdits députés, déposés au secrétariat de leur Ordre respectif aux États Généraux, auxquels il est donné pouvoir de proposer, remontrer, aviser et consentir tout ce qui peut concerner les besoins de l'État, la réforme des abus, l'établissement d'un ordre fixe et durable dans toutes les parties de l'administration, la prospérité générale du royaume et le bien de tous et de chacun les sujets du Roi.

Fait à Grasse, dans l'assemblée générale des trois Ordres de la Sénéchaussée, ledit jour et an que dessus.

(Signé :) de Villeneuve, sénéchal.

Après quoi, et sur la réquisition du procureur du Roi, nous, Sénéchal d'épée, avons dit et ordonné que toutes les assignations données pour la convocation des membres des trois Ordres, les procurations des membres de l'ordre du Clergé et les délibérations des communautés, ainsi que le présent procès-verbal, seront et resteront déposés rière le greffe de cette Sénéchaussée, et que trois copies collationnées dudit procès-verbal seront remises, savoir : une aux députés de l'ordre du Clergé, une aux députés de l'ordre de la Noblesse et une aux députés de l'ordre du Tiers-État, pour être, par lesdits députés, respectivement remis aux députés qui seront élus dans l'assemblée des trois Sénéchaussées, pour les représenter aux États Généraux, et être ensuite, par lesdits députés, déposés au secrétariat de leur Ordre respectif aux États Généraux.

Fait à Grasse, dans ladite assemblée générale des trois Ordres de la Sénéchaussée, ledit jour et an que dessus.

(Signé :) de Villeneuve, sénéchal.

Et de suite, sur la réquisition du procureur du Roi, M. le Sénéchal a dit et ordonné qu'il sera fait lecture par notre greffier de notre présent procès-verbal.

Fait à Grasse, dans ladite assemblée générale des trois Ordres de la Sénéchaussée, ledit jour, 31 mars 1789.

(Signé :) de Villeneuve, sénéchal.

Laquelle lecture faite, les trois Ordres de la Sénéchaussée de Grasse ont unanimement déclaré qu'il était convenable que le présent procès-verbal fut imprimé, et d'en envoyer des exemplaires à chaque membre de l'ordre du Clergé, de celui de la Noblesse et de celui du Tiers-État, et à chaque communauté du ressort de cette Sénéchaussée ; sur quoi, les trois Ordres ont voté de concourir, chacun en proportion, dans les frais de l'impression dudit procès-verbal ; ils ont engagé M. le procureur du Roi de vouloir bien surveiller l'impression dudit procès-verbal, dont il sera tiré jusques à concurrence de 1,200 exemplaires, et ont Mgr l'évêque de Grasse, au nom de tout le Clergé, M. Court d'Esclapon, au nom de tout l'ordre de la

Noblesse et M. Mougins-Roquefort, au nom de tout l'ordre du Tiers-État, signé la présente déclaration.

(Signé :) ✝ Franc., évêque de Grasse ; Court d'Esclapon et Mougins-Roquefort.

Mgr l'évêque de Grasse aurait dit que, pour remercier la divine Providence de la réunion des trois Ordres, de la paix et de la tranquillité qui ont régné dans cette assemblée, il serait célébré demain, 1er avril, à 10 heures du matin, et dans l'église cathédrale, une messe solennelle qui serait suivie d'un *Te Deum* en actions de grâce, et il aurait invité tous les membres de l'ordre du Clergé, tous ceux de l'ordre de la Noblesse et tous ceux de l'ordre du Tiers-État d'y assister.

Sur quoi, tous les Ordres se sont réunis pour remercier Mgr l'évêque de Grasse de sa sollicitude pastorale, et ont promis de se rendre demain à l'église cathédrale de cette ville, pour assister à la messe et au *Te Deum*.

Et ainsi que dessus, il a été par nous procédé au présent procès-verbal de l'assemblée générale des trois Ordres de la Sénéchaussée de Grasse, finie cejourd'hui, 31 mars, à 3 heures de relevée, et nous nous sommes soussigné avec le procureur du Roi et notre greffier.

Fait et achevé à Grasse, le 31 mars 1789.

(Signé :) de Villeneuve, sénéchal ; Ricord, procureur du Roi, et Maubert, greffier, à l'original.

Collationné le présent extrait, sur l'original, déposé au greffe de la Sénéchaussée de Grasse, sur papier libre, en conformité des règlements, et expédié au requis de Mre de Court, seigneur d'Esclapon, un des sieurs députés de l'ordre de la Noblesse pour assister à l'assemblée générale y mentionnée, etc.

A Grasse, le 3 avril 1789.

(Signé :) Maubert, greffier.

PROCÈS-VERBAL

DE L'ASSEMBLÉE PARTICULIÈRE DE L'ORDRE DU TIERS-ÉTAT
DE LA SÉNÉCHAUSSÉE DE GRASSE

Cejourd'hui 27ᵉ mars 1789, à Grasse, à 6 heures du soir et dans l'église des RR. PP. Prêcheurs, et par devant nous, François de Fanton, seigneur d'Andon et de Thorenc, conseiller du Roi, lieutenant général en la Sénéchaussée de Grasse, présent M. Mᵉ Antoine-Honoré Ricord, conseiller, procureur du Roi en la même Sénéchaussée, l'ordre du Tiers-État a continué d'être convoqué ; à laquelle assemblée ont été présents tous les sieurs députés de l'ordre du Tiers-État dénommés dans le procès-verbal de M. le Sénéchal dans la séance dujourd'hui.

Et de suite, nous aurions ordonné à tous les sieurs députés de nommer le nombre des commissaires dans l'ordre du Tiers, pour procéder à la rédaction d'un seul cahier de doléances, en conformité du règlement et de l'ordonnance.

Fait à Grasse, dans ladite assemblée générale, ledit jour et an que dessus.

(Signé :) Fanton d'Andon, lieutenant général.

Et, attendu l'heure tarde, nous avons renvoyé la

8

continuation de la présente assemblée à demain, 28 du courant et à 8 heures du matin.

Fait à Grasse, dans ladite assemblée, ledit jour et an que dessus.

(Signé :) Fanton d'Andon, lieutenant général.

Et advenu ledit jour, 28 du courant et l'heure de 8 du matin, nous, Lieutenant général, nous nous sommes rendu dans ladite église des PP. Prêcheurs, où étant, nous avons trouvé MM. les députés de Grasse, savoir :

MM. Mougins-Roquefort, maire ; Bonafous-Daumas, second consul ; Roustan, troisième consul ; Roubaud d'Antelmy, avocat ; Jean-François Barbery-Roquebrune, bourgeois ; Jean-Augustin Tardieu, ancien commissaire des Classes ; Pierre-Henry Mougins, bourgeois ; Maximin Isnard, négociant ; Louis-Dominique Luce, négociant ; Louis Roubaud, l'ainé, négociant ; Henry Raibaud-Lange, marchand parfumeur, et Antoine-Joseph Bernard, négociant ; MM. les députés de la ville d'Antibes au nombre de six ; MM. les députés de Vence au nombre de six ; MM. les députés de Saint-Paul au nombre de quatre ; MM. les députés de la communauté de Cannes au nombre de quatre ; MM. les députés de Valauris au nombre de quatre ; MM. les députés de la communauté du Bar au nombre de quatre ; MM. les députés de Mougins au nombre de quatre ; MM. les députés du Cannet au nombre de trois ; MM. les députés de Mouans au nombre de deux ; MM. les députés de Valbonne au nombre de trois ;

MM. les députés d'Auribeau au nombre de deux ;
MM. les députés de Cabris au nombre de quatre ;
MM. les députés de Saint-Césaire au nombre de trois;
MM. les députés de Saint-Vallier au nombre de deux ;
MM. les députés de Saint-Jeannet au nombre de trois ;
MM. les députés de Biot au nombre de trois ; MM. les
députés du Broc au nombre de trois ; MM. les députés
de Carros au nombre de deux ; MM. les députés de
Gattières au nombre de deux ; MM. les députés de
Tourrettes au nombre de trois ; MM. les députés de
Cagnes au nombre de quatre ; MM. les députés de
Villeneuve au nombre de deux ; MM. les députés de
St-Laurent au nombre de deux ; M. le député d'Andon
au nombre d'un ; MM. les députés de Châteauneuf au
nombre de trois, dont un est absent ; MM. les députés
de Cipières au nombre de trois ; MM. les députés de
Gréolières au nombre de trois ; MM. les députés de
Gourdon au nombre de deux ; MM. les députés de Coursegoules au nombre de quatre ; MM. les députés de
Courmes au nombre de deux ; MM. les députés de Bezaudun au nombre de deux ; MM. les députés de
Bouyon au nombre de deux ; M. le député des Ferres
au nombre d'un ; MM. les députés de Conségudes au
nombre de deux ; MM. les députés de la Roque-Estéron au nombre de deux ; MM. les députés du Rouret
au nombre de deux ; MM. les députés de Caussols au
nombre de deux ; MM. les députés de Dosfraires au
nombre de deux ; MM. les députés de la Gaude au
nombre de deux ; M. le député de Fougassières au
nombre d'un ; MM. les députés de la Roquette au nombre de deux ; MM. les députés de Pégomas au nombre

de deux ; MM. les députés de Mandelieu au nombre de
deux ; MM. les députés du Tignet au nombre de deux ;
MM. les députés de Valettes au nombre de deux ; MM.
les députés de Sartoux au nombre de deux ; MM. les
députés d'Opio au nombre de deux ; MM. les députés
de Mas au nombre de deux ; MM. les députés d'Aiglun
au nombre de deux ; MM. les députés d'Esciagnoles
au nombre de deux ; MM. les députés de Séranon au
nombre de deux ; MM. les députés de Caille au nombre
de deux ; MM. les députés de Sᵗ-Auban au nombre de
deux ; M. le député de Briançon, un ; M. le député d'A-
mirat, un ; MM. les députés de Gars, deux ; MM. les
députés de Malvans, deux ; MM. les députés de Clermont,
deux ; MM. les députés du Puget-Treize-Dames, deux,
tous députés, présents à ladite assemblée et dénommés
dans le procès-verbal des trois Ordres, de M. le Sénéchal ;
tous lesquels députés, après avoir mûrement délibéré
sur le choix des commissaires pour rédiger le cahier
des doléances, plaintes et remontrances, en conformité
du règlement du 24 janvier dernier, et les voix ayant
été par nous recueillies et comptées, lesdits députés
ont unanimement nommé :

MM. Mougins-Roquefort, maire de Grasse ; Louis-
Dominique Luce, négociant, de Grasse ; Reille, d'Anti-
bes ; Bonnet, de Saint-Paul, maire ; Bouyon, de Vence ;
Preyre, de Cannes ; Roubaud, avocat, député de Cabris ;
Gautier, du Bar ; Euzière, avocat de Saint-Jeannet ;
Ollivier, de Gars ; Chabert, procureur, député de Gat-
tières.

Après quoi, tous les sieurs députés des communautés

présents dans la présente assemblée, ont remis sur notre
bureau les cahiers de doléances de leurs communautés,
à l'exception des députés d'Andon, Gourdon, Châteauneuf, Conségudes, la Roque-Estéron, la Roquette,
Mandelieu, Opio, Mas, Aiglun, Séranon, Caille, Gars,
Malvans, Clermont, qui n'ont point remis les cahiers
de doléances de leurs communautés, attendu que lesdits cahiers sont annexés dans les délibérations portant
leurs députations, lesquelles délibérations furent remises à M. le Sénéchal dans sa première séance.

Et, de suite, nous avons remis aux sieurs commissaires, ci-dessus dénommés, les cahiers de doléances des
différentes communautés, et ordonné que Me Maubert,
greffier, retirera de M. le Sénéchal le cahier de
doléances et délibérations des communautés ci-dessus
énumérées, comme encore celui de la communauté de
Grasse, à l'effet d'être, par les susdits commissaires,
procédé sans interruption à la rédaction du cahier
général des doléances ; et, attendu l'heure de midi, nous
avons renvoyé la continuation de notre présent verbal
à cejourd'hui, à 2 heures de relevée.

A Grasse, dans ladite assemblée ledit jour, 28 mars
1789.

(Signé :) Fanton d'Andon, lieutenant général.

Et advenue ladite heure de 2 de relevée, nous dit
Lieutenant général, nous nous sommes de nouveau
porté dans l'église des RR. PP. Prêcheurs, où étant,

nous aurions trouvé les sieurs députés desdites communautés ; et notre greffier ayant remis sur notre bureau les délibérations des communautés d'Andon, Gourdon, Châteauneuf, la Roque-Estéron, Grasse, la Roquette, Mandelieu, Opio, Mas, Aiglun, Séranon, Caille, Gars, Malvans et Clermont, nous les avons donnés à MM. les commissaires élus dans la séance de ce matin, qui ont commencé à procéder, en notre présence, à la rédaction du cahier des doléances.

Et MM. les commissaires s'étant occupés à la rédaction du cahier de doléances jusques à 8 heures du soir, nous avons renvoyé la continuation de notre présent verbal à demain, 29 du courant, à 8 heures du matin.

Fait à Grasse, dans ladite assemblée du Tiers-État, le 28 mars 1789.

(Signé :) Fanton d'Andon, lieutenant général.

Et advenus ledit jour, 29 du courant et l'heure de 8 du matin, nous dit Lieutenant général, nous nous sommes de nouveau rendu dans ladite église des RR. PP. Prêcheurs, où étant, nous y aurions trouvé tous les députés desdites communautés de la Sénéchaussée, et les sieurs commissaires ont continué à procéder à la rédaction du cahier des doléances.

Et les sieurs commissaires s'étant occupés à la rédaction dudit cahier des doléances jusques à l'heure de midi, nous avons renvoyé la continuation de notre présent verbal, à une heure de relevée.

A Grasse, dans ladite assemblée particulière du Tiers-État, le 29 mars 1789.

(Signé :) Fanton d'Andon, lieutenant général.

Et advenue ladite heure d'une de relevée, nous dit Lieutenant général, nous nous sommes de nouveau rendu dans ladite église des RR. PP. Prêcheurs, où étant, nous aurions trouvé tous les députés desdites communautés de la Sénéchaussée, et les sieurs commissaires ont continué à procéder à la rédaction du cahier des doléances.

Et les sieurs commissaires s'étant occupés à la rédaction dudit cahier des doléances jusques à 8 heures du soir, nous avons renvoyé la continuation de notre présent verbal à demain, 30 du courant, à 8 heures du matin.

Fait à Grasse, dans ladite assemblée du Tiers-État, le 29 mars 1789.

(Signé :) Fanton d'Andon, lieutenant général.

Et advenus ledit jour, 30 courant et l'heure de 8 du matin, nous dit Lieutenant général, nous nous serions rendu dans l'église des PP. Prêcheurs, où étant, nous aurions trouvé tous les députés desdites communautés de la généralité de la Sénéchaussée, et les sieurs commissaires ont continué à procéder à la rédaction du cahier des doléances.

Et les sieurs commissaires s'étant occupés à la rédaction dudit cahier des doléances jusques à l'heure
de midi, nous avons renvoyé la continuation de notre
présent verbal à une heure de relevée.

A Grasse, dans ladite assemblée particulière du
Tiers-État, le 30 mars 1789.

(Signé :) Fanton d'Andon, lieutenant général.

Et advenue ladite heure d'une de relevée, nous dit
Lieutenant général, nous nous serions rendu dans
dans l'église des RR. PP. Prêcheurs, où étant, nous
aurions trouvé tous les députés des communautés du
ressort de la Sénéchaussée de cette ville.

Les sieurs commissaires ayant fini la rédaction du
cahier des doléances, auquel ils ont vacqué pendant 5
séances et une partie de celle de relevée dujourd'hui,
nous en avons fait faire lecture par notre greffier, et
tous les sieurs députés en ayant approuvé le contenu,
les sieurs commissaires les ont signés à la fin, et nous
les avons cotés et paraphés *ne varietur* au bas de
chaque page, pour être, par nous, remis aux députés
qui seront élus pour se rendre dans la ville de Draguignan.

Et de suite, il a été procédé à haute voix et en conformité des règlements, au choix des dix-huit électeurs
qui doivent se rendre dans la ville de Draguignan, et
les voix ayant été par nous recueillies et comptées, la
pluralité des suffrages s'est réunie en faveur de :

MM. Mougins de Roquefort, maire de Grasse, avocat en Parlement, élu par acclamation ; Christophe Bonnet, bourgeois, maire de Saint-Paul ; Jacques Bernard, ex-maire de la ville d'Antibes, bourgeois ; Jean Savournin, maire de la ville de Vence, capitaine canonnier garde-cotes ; Pierre-Rémi Hibert, du lieu de Cannes, avocat en la Cour ; Jean Bonafous-Daumas, négociant, second consul de Grasse ; Joseph Bérenger, bourgeois du lieu de Mougins ; Claude-Henri Roubaud d'Antelmy, de cette ville de Grasse, avocat en la Cour ; Louis-Dominique Luce, négociant de cette ville ; Lambert Bérenger, bourgeois de Biot ; Gaspard Bernard, bourgeois de la ville de Saint-Paul, ex-maire ; Jean-François Barbery-Roquebrune, de cette dite ville ; Maximin Isnard, négociant de cette dite ville ; Jacques Euzière de la Valette, du lieu de St-Jeannet, avocat en Parlement ; Esprit-Joseph Reille, lieutenant en la judicature royale de la ville d'Antibes ; Jean Gazagnaire, bourgeois de la ville de Coursegoules ; Jean-Ollivier, notaire royal du lieu de Gars ; Joseph Blacas, bourgeois de la ville de Saint-Paul, maire de Villeneuve, formant les dix-huit électeurs.

Et lesdits sieurs assemblés ayant cru qu'il était prudent de nommer un électeur surnuméraire, à l'effet de remplacer aucuns desdits électeurs en cas de maladie, empêchement quelconque, et les voix ayant été recueillies et comptées, pour savoir si l'on devait procéder à la susdite élection d'un surnuméraire, et la pluralité s'étant réunie pour former ladite élection, il y a été procédé en la même forme que dessus, et les voix ayant été par nous recueillies et comptées, la pluralité des suffrages s'étant réunie en faveur du sieur Alexandre Bouyon, bourgeois de la ville de Vence, il a été élu député surnuméraire à l'effet de remplacer, le cas échéant, aucuns des électeurs ci-dessus choisis.

Tous lesquels électeurs ont accepté ladite commission et promis de s'en acquitter fidèlement.

Et de suite, nous avons remis auxdits sieurs électeurs le cahier des doléances, plaintes et remontrances, afin de le porter à l'assemblée qui se tiendra dans la ville de Draguignan, le 7 du mois d'avril prochain, par devant M. le Sénéchal ou son lieutenant, et tous lesdits députés du Tiers-État ont donné auxdits sieurs électeurs ci-dessus nommés, tous pouvoirs requis et nécessaires à l'effet de les représenter en ladite assemblée pour toutes les opérations prescrites par les susdits réglements et par l'ordonnance rendue par M. le Sénéchal, ou son lieutenant de ladite ville de Draguignan, comme aussi de donner aux sieurs députés du Tiers-État, qui seront nommés dans ladite assemblée pour assister aux États Généraux, des pouvoirs généraux et suffisants de proposer, remontrer, aviser et consentir tout ce qui peut concerner les besoins de l'État, la réforme des abus, l'établissement d'un ordre fixe et durable dans toutes les parties de l'administration, la prospérité générale du royaume, et le bien de tous et de chacun les sujets de sa Majesté.

Et de leur part, lesdits sieurs électeurs ci-dessus nommés se sont présentement chargés du cahier des doléances de l'ordre du Tiers-État de cette Sénéchaussée et ont promis de le porter à ladite assemblée de Draguignan et de se conformer à tout ce qui est prescrit et ordonné par lesdites lettres du Roi et règlements y annexés et ordonnance susdatée, desquelles nominations d'électeurs, remise de cahier, pouvoirs et déclarations, nous avons donné acte aux sieurs députés de l'ordre du Tiers-État composant la présente assemblée.

Et ainsi que dessus, nous avons procédé à notre présent verbal et nous avons signé avec tous les sieurs députés du Tiers-État et notre greffier, ainsi que le duplicata que nous avons remis aux sieurs électeurs ci-dessus nommés, et le présent sera déposé au greffe de cette Sénéchaussée.

A Grasse, dans l'église des PP. Prêcheurs, ledit jour et an que dessus, le 30 mars 1789.

(Signé :) Fanton d'Andon, lieutenant général ; Mougins-Roquefort, maire de Grasse ; Bonafous, consul ; Roustan ; Roubaud d'Antelmy ; Maximin Isnard ; Barbery ; Mougins ; Tardieu ; Raiband-Lange ; L. Luce ; Funel de Clausonne ; Bernard ; Reille ; Martin ; Lamarre ; Vautrin ; Bernard ; Bonnavie, médecin ; Bouyon ; Euzière de la Valette ; Savornin ; Bérenger ; Pellegrin ; Bermond ; Roubaud ; Lisnard ; Icard ; Ollivier ; Preire ; Violet ; Hibert ; Giraud ; Malet ; Rey ; Mars ; Mougins ; Cavalier, cap. ; Louis Isnard ; Mallet, aîné ; Gautier ; Rey ; Muraire ; Gautier ; Lautier ; J.-F. Sar dou; Calvy; Vial; Pisany; Caire; Roubaud, fils; Aubin; Mottet; Rouquier; Savornin; Cavalier; Gras; Gaignard; Bernard; Blacas; Chabert; Focachon; Blacas; J. Court, syndic; Giraud; Guizol; Ardisson; Payen; Court; Alziari de Malaussène; Bérenger; Giraud; de Ghis; Roux; Teissier; Bérenger; Rebuffel; Giraud; Testoris; Bérenger; Bernard; Isnard; Combe; Iper; Charabot; Martin (?); Latty; Giraud; Chabert; Laugier; Chiris; Roux; Mane; Marin; Layet; Bonome; Maurel; Augier; Sassy; Chauve; Bermond; Euzière; Bausse; Pelisse; Euzière; Bérenger; Bonnet; Giraud; Isnard; Giraudi; Lions; J. Saissy; Isnard; Honoré Giraudi; Geoffroi; Dousset; Lautier; B. Manet; Brunengou; E. Funel; Bonifay; Gazagnaire; Bérard; Trastour; Garbier; Briquet; Roustan; Curel; Curel; J. Féraud; Jacomin; Honoré Court; Muraire; Jean Alziary; Béranger; Court; Merle; Olivier; Court; Mottet et nous, Jean-Baptiste Maubert, greffier, en la **Sénéchaussée de Grasse, soussigné.**

(Signé :) Maubert, greffier.

PROCÈS-VERBAL

de l'assemblée des trois Ordres de la Sénéchaussée de Castellane

---

Du troisième avril mil sept cent quatre-vingt-neuf,
à huit heures du matin, dans la chapelle des Péni-
tents Bleus, que nous avons choisie pour le lieu de
l'assemblée, la salle du palais se trouvant trop petite
pour contenir ladite assemblée, savoir faisons, Joseph-
François-Bernard de Tassis, écuyer, sieur du Poil,
conseiller du Roi, lieutenant général de Sénéchal, en
la Sénéchaussée de cette ville de Castellane, présent et
requérant M. Me Joseph Collomp, conseiller du Roi
et son procureur en ladite Sénéchaussée, qu'en exécution des ordres de Sa Majesté contenus dans ses lettres
des 24 janvier et 2 mars derniers, pour la convocation
et assemblée des États Généraux du royaume, et des
règlements y annexés aux mêmes dates, et en suite de
l'ordonnance par nous rendue le 16 dudit mois de
mars dernier, assignation a été donnée, à la requête
dudit procureur du Roi, suivant les exploits des 21,
23, 24, 25, 26, 27 et 28 du mois dernier, savoir :

Pour l'ordre du Clergé séculier : à Jean-Baptiste-

Scipion Roux de Bonneval, évêque de Sénez ; à messire Henry Hachette des Portes, seigneur, évêque de Glandevès ; au vénérable chapitre de la cathédrale de la cité de Sénez ; au vénérable chapitre de la cathédrale de Glandevès ; à messires Joseph Laurensy, prieur-curé de cette ville ; à Jean-Baptiste Henry, curé de la paroisse de Sénez ; à Daudet et Poësy, curé du lieu d'Entrevaux ; à Honoré-Mathieu Féraud, curé d'Annot ; à Jean-Joseph Durand de Sausses, chapelain de Sainte-Anne, Saint-Damian, Saint-Jean-Baptiste et Sainte-Catherine ; de Calvy, prieur de Notre-Dame du Plan, de cette ville ; André-Pierre Bernard, curé de la paroisse du lieu du Poil ; Jean-Baptiste Vial, de celle de Blieux ; Roux, de celle de la Martre, André Martiny, de celle de la Garde et d'Eoulx ; Jean-Joseph Carbonel, prieur-curé de Peiroules ; Roux, curé de la Bastide d'Esclapon ; Martin, curé du lieu de Brenon ; Giraud, curé du lieu de Châteauvieux ; Bondil, du lieu de Roubion ; Gandalbert, curé de Saint-Julien ; Paul Barlet, curé de Châteauneuf ; Joseph Engelfred, curé de Moriez ; Jean-Joseph Perimond, prieur-curé du lieu de Chasteuil ; Jacques Perlat, curé de Castillon ; Issautier, curé d'Angles ; Hilaire Maty, curé de Soleilhas ; d'Aillaud, prieur-curé du lieu d'Allons ; Jean Martiny, prieur-curé du lieu de Taloire ; Jean-Honoré Périer, curé de la Mure ; Jean Mistral, curé de Vergons ; Jean-Baptiste Grac, curé de Montblanc ; Bonnefoy, curé d'Argens ; Philip, curé d'Ubraye ; Jean-Joseph Garnier, curé de Villevieille ; Jean-Baptiste André, curé de St-André ; Clary, curé de Sallagriffon ; Niel, prieur-curé de Collongue ; Alexandre Dedoue, prieur-

curé des Mujouls ; Trabaud, curé de Saint-Pierre ;
Jean-Joseph Isnard, curé de la Rochette ; Bernard,
prieur de Saint-Benoît ; Jean Rabier, prieur-curé de
Gueidan ; Jean-Baptiste Blanc, curé dudit St-Benoit ;
Lions, curé de Sausses ; Pierre de Montblanc, curé de
Braux ; Jean-Joseph Bertrand, curé de Peyresc ; Loui-
qui, curé de la Colle-Saint-Michel ; Michel, prieur de
la paroisse du Fugeret ; Jean-Baptiste-Étienne Gravier,
sieur de Montberon, curé de la même paroisse ; et
Jean-Antoine Lambert, prieur-curé de Méailles ;

Et pour le clergé régulier : le monastère royal des
Grands Augustins de cette ville, messire Dombon,
prieur décimateur du lieu d'Angles et du lieu de Vergons, et enfin aux Dames religieuses de la Visitation
Sainte-Marie du monastère de cette dite ville ;

Pour l'ordre de la Noblesse possédant fiefs, à messires Raymond de Glandevès, seigneur, baron dudit
lieu et de Vergons ; de Sabran, seigneur, marquis de
Montblanc et autres places ; Antoine Secret de Raymond
d'Eoulx, chevalier, seigneur marquis dudit lieu et
autres lieux ; Pierre Chailan, seigneur de Moriez ;
François-Boniface de Fortis, chevalier, seigneur de
Soleilhas, conseiller en la cour du Parlement, aux
hoirs héritiers de messire Jean-Baptiste de Chailan,
seigneur en partie de Moriez, aux hoirs héritiers de
messire de Requiston, seigneur en partie du lieu d'Allons ; à Charles d'Autane, seigneur du lieu d'Allons
et de Sausses ; de Villeneuve, seigneur de Vauclause
et de Castillon ; Alexandre de Richery, seigneur en
partie d'Allons ; Demandols, seigneur dudit lieu d'Ai-
guines, seigneur en partie de la cité de Sénez ; dame

d'Isnard, marquise de la Martre ; à Mᵐᵉ la marquise de Castellane, dame de Peyroules et de Peyresc ; à dame de Rencurel, dame de la Bastide d'Esclapon ; à Balthasar de Niel, seigneur de Brenon ; à d'Arbaud, seigneur de Châteauvieux ; à dame de Pradine de Saint-Pierre, dame en partie du lieu du Bourguet ; d'Étienne, seigneur en partie dudit lieu ; Calvy, baron de Vignolles, seigneur en partie dudit de St-André et de Troins ; de Lyle de Taulane, seigneur en partie dudit Bourguet ; Geofroy, seigneur en partie dudit lieu ; Mgr le duc Bourbon, prince de sang, seigneur du lieu de Châteauneuf ; Tressemannes, seigneur en partie de Chasteuil ; Gaspard de Latil, seigneur en partie dudit lieu ; dame de Villeneuve, dame de Verrayon et autres lieux ; Mᵐᵉ de Cabris, dame dudit lieu ; Albert de Théas, seigneur du lieu d'Angles ; aux hoirs héritiers de Mʳᵉ de la Mure, seigneur dudit lieu ; Saint-Jacques, seigneur du lieu d'Argens ; Jean-Baptiste-Alexandre Durand, seigneur d'Ubraye et en partie de Sausses ; d'Aillaud, seigneur de Méouille ; de Rasque, seigneur de Sallagriffon, de Saint-Pierre et de la Rochette ; de Villeneuve, seigneur de Collongue et des Mujouls ; de Gueidan, seigneur dudit lieu d'Annot et de Fugeret ; de Villeneuve-Mouans, seigneur en partie du lieu de Sausses ; de Durand de la Penne, seigneur de Saint-Benoit et du Fugeret ; Pierre de Montblanc, coseigneur du lieu de Sausses ; [l'Enfant, seigneur] de Bayol et du lieu de Peyresc ; de Coste-Maure, seigneur en partie du lieu du Poil, et Antoine de Preines, seigneur en partie dudit lieu.

Et pour le Tiers-État : à MM. les maires et consuls

et communautés de cette ville, ceux d'Annot, d'Entre-vaux, de Sénez, de Blieux, du Poil, de Taulane, de la Martre, de la Garde, de Peyroules, de la Bastide d'Es-clapon, de Brenon, Châteauvieux, Eoulx, Villars-Bran-dis, Robion, le Bourguet, Châteauneuf, Saint-Julien, Morièz, Castillon, Chasteuil, Angles, Sallagriffon, So-leilhas, Demandols, Allons, Taloire, la Mure, Vergons, Montblanc, Argens, Ubraye, le Plan du Puget, Méouil-les, Villevieille, St-André, Collongues, Troins, Castellet, St-Cassien, Courchon, les Mujouls, St-Pierre, la Ro-chette, Gueidan, St-Benoit, Auren, Sausses, Braux, Peyresc, la Colle-Saint-Michel, Méailles et le Fugeret; embrassant la généralité des communautés dans l'é-tendue de notre ressort et composant la totalité des trois Ordres d'icelui, à comparaître par devant nous, au présent jour, lieu et heure, munis de leurs lettres et pouvoirs, à l'effet de procéder fidèlement, en notre pré-sence, par eux tous et par des commissaires, à la réunion à un seul cahier de tous les cahiers particuliers des doléances qu'auront apportés lesdits députés et ensuite à six députations d'entre eux, à haute voix, pour assister à l'assemblée générale des trois États, qui se tiendra dans la ville de Draguignan, le 7 de ce mois, les y représenter, y porter le cahier de notre Sénéchaussée et y procéder à l'élection des députés qui doivent se rendre aux États Généraux. En consé-quence de quoi sont comparus, savoir :

POUR LE CLERGÉ SÉCULIER

Mres Jean-Baptiste-Michel Poyet, prêtre, cabiscol de l'église cathédrale de Glandevès et son vicaire général,

en qualité de procureur fondé dudit seigneur évêque,
en suite de sa procuration en date du 30 mars dernier,
reçue par M⁰ Bon, notaire à Entrevaux, ledit Mʳᵉ Poyet
et Jacques Pons, chanoine, sacristain dudit chapitre de
Glandevès, de même que de toutes les dignités, chanoines et bénéficiers dudit chapitre de Glandevès (sic);
Jacques-Joseph Gibelin, chanoine de l'église cathédrale
de Sénez, chargé de procuration dudit chapitre, signé
Daumas, greffier; Joseph Laurensy, prieur-curé de
cette ville de Castellane; Gibelin, chanoine, député du
vénérable chapitre de la cité de Sénez; Jean-Antoine
Lambert, curé du lieu de Méailles, tant en son propre
qu'en qualité de procureur fondé de Mʳᵉ Lions, curé
du lieu de Sausses, par procuration du 1ᵉʳ du courant,
reçue par M⁰ Bon, nʳᵉ à Entrevaux, et de procureur
fondé de Mʳᵉ Jean-Baptiste-Joseph Blanc, curé de la
paroisse de Saint-Benoît, par procuration du 30 mars
dernier, reçue par ledit M⁰ Bon, nʳᵉ; Pierre de Montblanc, prieur-curé de Braux; Blanc, curé de la Bastide,
paroisse de Peyroules, en qualité de procureur fondé
de M⁰ Jean-Baptiste Henry, curé de l'église cathédrale
de la cité de Sénez, par procuration du 1ᵉʳ du courant,
reçue par M⁰ Henry nʳᵉ, en ladite cité; Mathieu
Féraud, curé de la paroisse de la ville d'Annot; Jean-
Baptiste Vial, curé de la paroisse du lieu de Blieux,
tant en son propre que comme procureur fondé de
Mʳᵉ Pierre-André Bernard, curé du lieu du Poil, par
procuration du 29 mars dernier, reçue par M⁰ Gui-
chard, nʳᵉ audit Blieux; Denis Roux, curé de la paroisse
de la Bastide d'Esclapon; Antoine Poësy, curé de
l'église cathédrale de Glandevès, tant en son propre

qu'en qualité de procureur fondé de Mre Joseph Philip,
curé du lieu d'Ubraye, et de Jean-Antoine-François-
Thomas Déodet, curé de la paroisse Saint-Martin de
ladite ville, par procuration du 31 mars dernier, reçue
par Me Bonnety, n^re audit Entrevaux, et dudit jour 31
mars dernier, reçue par Me Dedoue, aussi n^re audit
Entrevaux ; Roux, curé du lieu de la Martre ; Jean-
Joseph Carbonel, prieur-curé du lieu de Peyroules ;
Bondil, curé du lieu de Robion et du Bourguet ;
Joseph Engelfred, prieur-curé du lieu de Moriez, tant
pour lui que comme procureur fondé de Mre Jean-
Baptiste-André Roux, prieur-curé du lieu de St-André ;
Jean-Joseph Perrimond, prieur-curé de la paroisse de
Chasteuil, tant pour lui que comme procureur fondé
de Mre Jacques Rabier, curé de la paroisse de Gueidan,
par procuration du 30 mars dernier, reçue par Me Dedoue, n^re à Entrevaux, et encore en qualité de procureur fondé de Mre Joseph Garnier, prieur-curé de
Villevieille, par procuration du 31 mars dernier, reçue
par ledit Me Dedoue ; Jacques Perlat, curé du lieu
de Castillon ; Joseph Issautier, curé du lieu d'Angles ;
Jean-Honoré Périer, curé du lieu de la Mure, tant en
son propre qu'en qualité de procureur fondé de
Mre Sylvestre Antoine, curé de la paroisse d'Allons,
par procuration du 31 mars dernier, reçue par Me Rolland, n^re à Saint-André ; Jean Martiny, prieur-curé
du lieu de Taloire ; Jean Mistral, curé du lieu de Vergons ; Honoré Attenoux, curé, desservant la paroisse
des Chailans, hameau de Moriez, procureur fondé de
Mre Bonnefoy, curé perpétuel du lieu d'Argens ;
Alexandre Dedoue, curé du lieu des Mujouls, tant pour

lui que comme procureur fondé de Mre Esprit Clary,
prieur-curé de la paroisse dudit lieu de Sallagriffon,
sous le titre Ste-Marguerite, par procuration du 30 mars
dernier, reçue par Me Féraud, n^re des Mujouls, et de
Jean-Joseph Isnardy, curé de la paroisse de la Rochette,
par autre procuration du 28 du même mois, reçue par
Me Dedoue, n^re à Entrevaux ; Jean-Étienne Mitre,
curé du lieu de Comps, procureur fondé de Mre André
Trabaud, curé du lieu de Saint-Pierre, par procuration
du 30 mars dernier, reçue par Me Isnardy, n^re audit
Saint-Pierre ; Jean-Baptiste-Honoré Gravier de Montberon, curé du Fugeret, tant pour lui que comme
procureur fondé de Jean-Joseph Bertrand, curé du lieu
de Peyresc, par procuration du 31 mars dernier, reçue
par Me Sauvan, n^re à Méailles ; André Martiny, curé de
la Garde et d'Eoulx ; Martin, curé de Brenon ; Jean-
André Gandalbert, prieur-curé de Saint-Julien ; En-
gelbred, curé de Morièz ; Auguste Mistral, vicaire de
la paroisse de cette ville, en qualité de procureur fondé
de Mre Jean-Baptiste Bernard, en qualité de prieur et
coseigneur du lieu de Saint-Benoit, de la ville d'Entrevaux, par procuration du 31 mars dernier, notaire,
Me Bonnetty de ladite ville ; Bernard, vicaire de la
paroisse de cette ville, en qualité de député de MM. les
ecclésiastiques de cette dite ville, suivant sa députation
du 28 du mois de mars passé ;

POUR LE CLERGÉ RÉGULIER

Le R. P. Manganelle, définiteur de l'ordre et économe des Grands Augustins royal (*sic*) de cette ville de
Castellane ; Mre Jean-Honoré-Antoine Gravier, prêtre,

aumônier des dames religieuses du couvent de la
Visitation Sainte-Marie de cette ville, procureur fondé
desdites dames religieuses, par procuration du 2 du
courant, reçue par M⁰ Carbonel, nᵉ de cette ville;

POUR LA NOBLESSE

Mʳᵉˢ François d'Aillaud, seigneur de Méouilles ; Jean-
Charles-François d'Autane, tant en son propre que
comme procureur fondé de Mʳᵉ Pierre de Chailan,
comte et seigneur de Moriez, et dame Anne-Marthe
de Moriez, marquise de Villeneuve, dame des lieux
des Mujouls, Sausses et Verrayon, par procuration du
31 mars dernier, nᵉ Rolland, de Saint-André, et du
28 dudit mois, reçue par Paul, nᵉ à Draguignan ;
Jean-Baptiste-Hilarion de Chailan, ancien lieutenant
des vaisseaux, chevalier de Saint-Louis, tant en son
propre qu'en qualité de procureur fondé de Mʳᵉ Jean-
Baptiste de Chailan, seigneur en partie de Moriez, par
procuration du 31 dudit mois, nᵉ Rolland, à Saint-
André ;

ET POUR LE TIERS-ÉTAT

Mᵉ Léautaud, avocat ; Sʳ Jean Marie, bourgeois ;
Mᵉˢ Meifred et Gras, tous les deux avocats, députés
de la communauté de cette ville, suivant la délibéra-
tion de ladite communauté du 27 mars dernier ; Mʳˢ
Honoré Rocas, maire de la ville d'Annot ; Jean-Antoine
Robion, avocat ; Jean Roccas et Joseph-Chrysostôme
Bernard, notaires royaux, députés de ladite ville, par
délibération du 29 dudit mois, prise par le conseil mu-

nicipal d'icelle ; Srs Henry Fort, maire ; Constentin , Jean-Joseph Boyer et Joseph Granet, députés de la cité de Sénez, par délibération du même jour ; Mes Louis Bonnety, ancien notaire, maire, Charles-Dominique Bon, avocat, Pierre-François-Louis-Joseph Bernard, aussi avocat, et Louis Bonnet, notaire royal, députés de la communauté d'Entrevaux, suivant la délibération du même jour ; Srs Jérôme Rouvier, ménager du lieu du Poil, député de sa communauté, par délibération dudit jour ; Antoine Latil, bourgeois de cette ville, et Mathieu Latil, ménager du lieu de Taulane, députés dudit lieu, par délibération du second du courant; Louis Audibert, maire, et Honoré Fabre, négociant du lieu de la Garde, députés dudit lieu, par délibération dudit jour, 29 mars ; Antoine Bernard et Jean-Baptiste Laugier, députés de la communauté de Peyroules, par délibération du même jour ; Pierre Pascal et Joseph Collomb, députés de la Bastide d'Esclapon, par délibération du même jour ; Pierre Perrimond, bourgeois, et M. Me Joseph-Bernard de Tassis, lieutenant général en la Sénéchaussée de cette ville, députés de Brenon, par délibération du 25 mars dernier ; Srs Joseph Lambert et Jean Lambert, députés de Châteauvieux, [par délibération] dudit jour, 25 mars dernier; Eustache Sauvan et Pons Bac, députés de la communauté d'Eoulx, par délibération du 31 mars dernier ; Me Gras du Bourguet, avocat de cette ville, et Srs Jean Paul, maire, bourgeois, aussi de cette dite ville, députés par délibération du 29 dudit mois ; Jean-Pierre Boyer et Jean-Joseph Imbert, députés de la communauté de Robion, par délibération du 29 dudit mois ;

Pierre Cauvin et Louis Giraud, députés de celle du
Bourguet, par délibération du même jour ; M⁰ Joseph
Marie, docteur en médecine de cette ville, et Sʳˢ Jacques
Beuf, députés de celle de Sᵗ-Julien, par délibération du
30 dudit mois ; Joseph Revel, François Coulet et Jacques Rolland, députés de celle de Moriez, par délibération du 29 dudit mois; André Collomp et Antoine Granet,
députés de celle de Castillon, par délibération du même
jour ; Jean et Jean-François Raynaud, députés de
celle de Chasteuil, par délibération du même jour ;
Michel et Antoine Gibert, députés de celle d'Angles,
par délibération dudit jour ; Antoine Paban, député de
celle de Sallagriffon, par délibération du même jour ;
François Preire et François Chabaud, députés du lieu
de Soleilhas, par délibération du 1ᵉʳ du courant ; Jean
Giraud et Jean Coulet, députés de Demandols, par
délibération du 29 dudit mois de mars ; Jean-Baptiste
Majastre et Pierre Dol, députés d'Allons, par délibération dudit jour ; M⁰ Mathieu Carbonel, notaire royal
de cette ville, et Sʳ André Flory, député de Taloire, députés par délibération du 30 dudit mois de mars; Sʳˢ
Jean-Pierre Pascal et Étienne Simon, députés de la
Mure, par délibération dudit jour, 29 mars ; Joseph-Noé
Arnaud et Jean Collomp-Gavel, députés de Vergons, par
délibération du même jour ; Joseph Bonnefoy et François
Blanc, députés du lieu d'Argens, par délibération dudit
jour, 29 mars ; Jean-Baptiste Philip, mᵉ en chirurgie,
et M⁰ François Philip, notaire royal, députés de la
communauté d'Ubraye, par délibération du même
jour ; Sʳ Christophe Bonnety, maire, et M⁰ Jean-Joseph
Sauvan, notaire royal, députés du lieu de Méailles, par

délibération du 29 dudit mois ; Sr Jean-Antoine
Honnorat, maire, et Me Henry Juglar, avocat, députés
de la communauté de Saint-André ; Sr Jean-Joseph
Reboul, second consul, et Me Jean-François Rolland,
notaire royal dudit Saint-André, députés de Troins,
par délibération dudit jour, 29 ; Srs Honoré Garnier,
bourgeois, et François Castel, députés de Collongues,
par délibération du même jour ; Jacques Collomp et
Jean Abbos, députés de Courchon, par délibération du
même jour ; Jean-François Bonhomme, m^o en chirurgie, et Me Honoré Féraud, notaire royal, députés des
Mujouls, par délibération du même jour ; Srs Truphème
Richard et André Giraud, députés de la communauté
de la Martre, par délibération du 25 dudit mois ;
Étienne Daumas, maire et premier consul de la com-
munauté de Saint-Pierre-Figette, par délibération du
même jour ; François Drogoul et Me Jean-Joseph
Dedouc, notaire d'Entrevaux, députés de la Rochette-
Chanan, par délibération dudit jour ; Srs Honoré
Raybaud et Claude Jacomet, députés du lieu de
Gueidan, par délibération du même jour ; Gaspard
Germain, maire, et Jacques Issautier, députés de
Saint-Benoît, par délibération du même jour ; Gabriel
Gouffart, maire, député de la communauté d'Aurent,
par délibération du même jour ; Jean Michel, maire,
et Jean-Baptiste Philip, députés de la communauté de
Braux, par délibération dudit jour ; M. Me Collomp,
procureur du Roi, en cette Sénéchaussée, et Sr Esprit
Guérin, députés du lieu de Sausses, par délibération du
même jour . Srs Boniface Bertrandy et Hyacinthe Bertrand, députés de Peyresc, par délibération dudit jour,

29 mars ; Joseph-Melchior Blanc du Coulet et Honoré Laugier, députés de la Colle-Saint-Michel ; Benoit Rolland et Grégoire Dol, députés du lieu de Méailles ; et enfin Mᵉ Jean-Joseph Mandine, notaire royal, et Sʳ Benoit Sauvan, maire, députés du lieu de Fugeret, par délibération du même jour, 29 mars.

Et après avoir attendu l'heure d'expectative, sans qu'aucune autre personne ecclésiastique, noble ou du tiers ordre soit comparue, nous avons, à la réquisition du procureur du Roi, procédé à la vérification des titres, pouvoirs et mandats de chacun des susnommés présents, desquels titres, pouvoirs et mandats un duplicata en forme a été remis entre les mains de notre greffier, pour suivre et être déposé au greffe avec le présent procès-verbal, avons concédé acte aux susnommés présents de leur comparution et donné défaut contre les non-comparants, en suite de quoi, nous dit lieutenant, portant la parole, avons dit à l'assemblée :

« Quelle époque, Messieurs, sera jamais aussi mémorable que celle qui nous rassemble ! L'intérêt de la nation, le bonheur d'un peuple immense, la régénération d'une constitution, vicieuse dès son origine, despote immédiatement après son établissement, injuste et cruelle dans les temps de féodalité, oppressive de l'ordre le plus nombreux et le plus utile de l'État, ont fixé les regards paternels du meilleur de tous les rois. Son cœur juste et bienfaisant, affecté du désordre immense qui règne dans certaine branche de l'administration de l'État, pénétré des maux affreux qui en résultent, infi-

niment touché des calamités, des peines, de la misère qui
afflige ses sujets, veut y apporter les remèdes les plus
efficaces, réformer les abus, rappeler l'ordre, la règle
et l'équité dans toutes les parties du corps politique,
enfin, procurer à la France tout le bonheur et toute la
gloire dont elle est susceptible. Et, comme il ne suffit
pas toujours au Souverain de vouloir le bien pour
l'opérer et surtout dans un empire étendu dont les
mœurs, les usages, le régime sont non-seulement
différents, mais quelquefois en opposition, le Roi s'est
proposé d'appeler auprès de son trône des sujets de
toutes les parties du Royaume et de tous les Ordres,
et là, comme un père au milieu de ses enfants, écouter
leurs doléances, s'informer de leurs besoins, s'instruire
des moyens les plus propres, les plus avantageux, les
plus efficaces pour leur procurer le bien et la félicité
que son cœur leur désire. Certainement ce serait peu
connaître le caractère du prince, auquel notre gratitude
nous a déjà fait donner le titre de juste et de bienfaisant, si nous doutions que son amour ne lui fasse
désirer de nous écouter tous en particulier, dans une
aussi intéressante conjoncture et pour lui et pour
nous, d'où dépend (ainsi qu'il s'exprime lui-même
dans la lettre qu'il a personnellement daigné nous
écrire) *et la félicité publique, et le calme et la tranquillité dont il est si privé depuis si longtemps*. Mais comment faire parvenir jusqu'à lui 5 millions d'habitants ?
comment même pourrait-il suffire à entendre la voix
individuelle de chacun d'eux ? Cette impossibilité que
nous concevons tous, a été mitigée, autant qu'elle
pouvait être : le Roi ne peut entendre tout son peuple,

mais il ordonne à ses sujets de choisir quelques-uns
d'entre eux, de les charger des souhaits et doléances générales et de les députer auprès lui ; de cette manière
nous [ne] parvenons à lui que d'une manière, indirecte
à la vérité, mais au moins nos besoins, nos vœux, nos
désirs lui parviendront aussi directement que si nous
lui en faisions part nous-mêmes. C'est pour élire ceux
qui doivent concourir à cette députation, que le Roi
m'a ordonné de vous réunir. Quelle glorieuse circonstance pour moi, que celle d'avoir l'honneur de présider
cette auguste assemblée, que d'être chargé de vous
faire part des ordres bienfaisants du meilleur de tous
nos monarques ! Sa Majesté désire que chaque Ordre
élise non-seulement *les plus notables de l'Ordre*, mais
encore ceux qui seront les plus dignes de cette grande
marque de confiance *par leur sagesse, leur intégrité
et par le bon esprit dont ils sont animés ; Elle vous
exhorte même à vous rappeler que les hommes d'un
esprit sage méritent la préférence, et que, par un heu-
reux accord de la morale et de la politique, il est rare
que, dans les affaires publiques et nationales, les plus
honnêtes gens ne soient aussi les plus habiles.*

« Dans le choix que vous allez faire, aucun peut-être
ne sera député aux États Généraux ; mais plusieurs
peuvent l'être, mais tous concourront à la nomination
de ces représentants de la nation. Vous ne pouvez donc
y apporter trop de circonspection et d'impartialité ;
dégageons-nous de tout intérêt personnel ; qu'un voile
impénétrable couvre à jamais, ou du moins pendant la
durée des opérations auxquelles nous allons procéder,
nos haines, nos dissentions, s'il en existe ; qu'animés

de l'esprit de paix et de concorde, l'union des Ordres, des intérêts, des volontés concoure au bien général, à la gloire et à la prospérité de l'État.

« Qui mieux que vous, Messieurs du Clergé, le premier des trois Ordres qui composent l'État, a droit d'aspirer et de prétendre à une heureuse conciliation ! C'est dans ce moment plus que jamais qu'il s'agit d'en faire usage, que la voix des pasteurs doit se joindre à celle du troupeau et que, par une heureuse fusion (?) de sentiments et d'intérêts, nous devons, conjointement et dans un même accord, porter aux pieds du trône nos lumières, nos biens, notre vie même, si elle est nécessaire à l'État, si elle peut être utile au soulagement de l'Ordre malheureux, sur lequel vous répandez vos libéralités avec tant de profusion, si elle doit servir à la félicité publique. Les ministres du Roi m'ont demandé un compte particulier et circonstancié de toutes les opérations relatives aux différentes assemblées [qui] doivent se tenir dans mon ressort, à raison de la grande et mémorable circonstance qui occupe le royaume dans toute son étendue ; je connais trop le zèle et la charité qui vous animent pour ne les avoir pas assurés d'avance que je ne mettais pas de doute qu'un Ordre, spécialement consacré pour faire parvenir nos vœux à l'Éternel, qui n'était occupé que des biens spirituels, serait le premier et le plus empressé de donner des preuves de son désintéressement, à confondre et amalgamer ses intérêts avec ceux du Tiers Ordre.

« Plus on avait élevé des doutes sur l'union de l'ordre de la Noblesse aux autres Ordres, et plus j'éprouve de satisfaction à le voir réuni parmi nous. Votre compa-

ration, Messieurs, la comparution d'un ordre si grand,
si généreux, auquel nul sacrifice n'est pénible quand
il faut acquérir de la gloire, qui sait verser le plus
pur de son sang quand la défense, l'agrandissement
ou le besoin de l'État l'exige, nous annonce d'avance
ce que nous devons espérer de votre loyauté. Quel
agréable évènement pour moi, quelle gloire pour ma
Sénéchaussée, si je ne trouve dans les trois Ordres
qu'un même cœur, qu'un même sentiment, qu'un
même amour pour le bien général! je l'espérais avec
confiance, et mon attente ne pouvait pas être trompée.
La franchise, la générosité qui a caractérisé tous les
gentilshommes français depuis tant de siècles ne pou-
vaient manquer de vous engager à donner au Roi les
preuves les moins équivoques de votre dévouement
à ses volontés, et au Tiers Ordre, les témoignages les
plus réels comme les charges de l'État sont un
fardeau qui ne doit pas vous être étranger et dont vous
voulez partager le poids avec lui dans une parfaite
égalité.

« C'est principalement pour vous, Messieurs des
communes, vous dont l'Ordre est composé de vingt-
quatre millions d'habitants, vous qui avez conservé et
qui êtes les seuls dépositaires des belles lettres, de
l'éloquence, de tous les arts libéraux et mécaniques,
vous qui enrichissez l'État par vos négoces, qui le
nourrissez par l'agriculture, vous enfin qui excitez la
tendresse paternelle du meilleur des Rois, touché de
vos besoins, désirant avec ardeur le bonheur de chacun de vous; c'est en votre seule faveur qu'il donne
le grand et magnifique spectacle de l'assemblée des

États généraux. C'est autant pour votre régénération, pour votre existence personnelle, pour la réforme des lois et des règlements, qui pèsent le plus sur vous, que pour la régénération et la réforme des finances, que le Roi veut s'entourer de ses sujets et concerter ses plans avec eux. Avec quel respect, quelle reconnaissance ne devons-nous pas accepter un pareil bienfait, avec quelle confiance, avec quelle soumission, ne devons-nous pas concourir à l'exécution des ordres qu'il nous a fait parvenir ! Unissons donc tous et nos cœurs et nos voix pour louer, pour bénir un monarque que le ciel nous a réservé par un effet de sa miséricorde infinie sur nous, et que le serment que nous allons prêter soit non seulement le garant de l'impartialité du choix que nous avons à faire, et de l'union de nos volontés, mais encore de la sincérité de nos vœux ».

Ensuite M. Mᵉ Collomp, procureur du Roi, a dit :

« Monsieur, on ne peut rien ajouter à tout ce que vous avez dit d'éloquent, d'énergique et d'analogue à la circonstance présente ; mais mon ministère doit-il être muet en ce jour solennel et mon silence ne serait-il pas condamnable ? Oui, Messieurs, vous le savez tous, et qui est-ce qui ne le saurait pas ? Les bontés paternelles du meilleur des Rois pour son peuple sont manifestées, dans le plus grand détail, d'un bout du royaume à l'autre ; dans les plus grandes villes, comme dans les plus petites, dans les faubourgs, comme dans les hameaux, dans le palais des grands, comme dans la chaumière des bergers, ce soleil de justice répand ses rayons de bienfaisance, et les contrées qui en sont les plus reculées, comme les plus voisines, en sont également échauffées et ne cesseront de s'en féliciter et de le bénir.

« Vous le savez, Messieurs, le Monarque bienfaisant qui nous sera toujours cher, et dont la mémoire le sera également à la postérité la plus reculée, a pris les plus justes mesures pour opérer la régénération de l'État ; à cet effet il convoque la nation auprès de lui, ainsi qu'il s'en explique dans sa lettre de convocation « pour « l'aider à surmonter toutes les difficultés où il se « trouve, relativement à l'état de ses finances, et pour « établir un ordre constant et invariable dans « toutes les parties du Gouvernement, qui intéressent « le bonheur de ses sujets et la prospérité du « royaume ».

« Il veut encore que son peuple lui fasse connaître ses souhaits, ses plaintes et doléances, de manière, que, « par une mutuelle confiance et par un amour réci- « proque, entre lui et ses sujets, il soit apporté un « remède efficace aux maux de l'État et que les abus « de tout genre soient réformés et prévenus par de « bons et solides moyens qui assurent la félicité pu- « blique ».

« Il veut encore, ce roi, père du peuple (et c'est ici, la vive expression du sentiment le plus tendre et le plus paternel) que, lorsque cette nation sera assemblée autour de sa demeure, elle ait « cette liberté naturelle « de délibérer tout ce qui lui paraîtra le plus « convenable au soulagement de ses sujets et à la « prospérité de l'État, » puisqu'il ajoute, à la fin du préambule du règlement général du vingt-quatre janvier dernier, « qu'il ne veut en aucune façon gêner la liberté de ses délibérations, mais leur conserver (gravez, Messieurs, ces paroles sacrées dans votre mémoire) mais leur conserver, dis-je, le caractère le plus cher à son cœur, celui de conseil et d'ami. »

« N'est-ce pas là, Messieurs, déposer l'éclat majestueux de la royauté, pour se confondre et s'identifier avec ses sujets ? Bel exemple de patriotisme qui devait faire éclipser cette supériorité affectée de certains membres des premiers Ordres de l'État qui croient se déshonorer en se réunissant avec d'autres hommes, leurs semblables, je veux dire les hommes du Tiers !

« Vous le savez, Messieurs, je le répète, cette nation française, composée de vingt-quatre millions d'habitants, doit être représentée à l'assemblée des États-Généraux fixée au 27 du courant, à Versailles, par des députés du Clergé, de la Noblesse et du Tiers-État qui forment les trois Ordres distinctifs du royaume. Le Roi a voulu que chaque individu coopérât, par son libre suffrage, à la nomination des représentants de son ordre ; à cet effet Sa Majesté a déterminé l'assemblée de toutes les communes de son royaume, pour y être élu le nombre des députés déterminé par la population de chacune, en nombre égal, avec les deux premiers Ordres ; elle a prescrit des assemblées par Sénéchaussées, où doivent se rendre les deux premiers Ordres et les députés des communes pour le Tiers ; et c'est dans ces secondes assemblées, qu'il doit être procédé à la réunion de toutes les doléances, en un seul et même cahier et à la nomination des électeurs qui se rendront à l'assemblée de la Sénéchaussée d'arrondissement, qui est pour nous celle de Draguignan, dans laquelle doivent se faire les élections des députés de tout l'arrondissement, aux États Généraux.

« C'est en conséquence des règlements du 24 janvier et du 2 mars dernier, qui déterminent les différentes assemblées ci-dessus, que nous avons fait donner assignation à tous les membres des trois Ordres du ressort pour se rendre à cette assemblée.

« C'est à regret que nous ne voyons pas dans notre assemblée les deux augustes prélats de Sénez et de Glandevès ; mais, nous en sommes dédommagés par la présence de Messieurs les députés de leurs chapitres et par celle de Messieurs les dignes curés, dont nous ne saurions faire l'éloge qu'ils méritent à si juste titre, qu'en empruntant les expressions de Sa Majesté dans son règlement du 24 janvier dernier, où elle les qualifie, « de bons et utiles pasteurs, qui s'occupent de près et journellement de l'indigence et de l'assistance du peuple et qui connaissent plus intimement ses maux et ses appréhensions.

« L'exactitude du clergé régulier des deux sexes à se rendre personnellement ou par procureur à cette assemblée nous édifie infiniment.

« Certain bruit que la volage renommée avait répandu, que Messieurs [de] la Noblesse du ressort ne se rendraient point à notre assemblée, nous avaient humblement affligé. Est-il possible, nous disions-nous, que cet Ordre respectable, qui s'est toujours distingué en général et en particulier par des sentiments de zèle et de fidélité pour le Prince et d'attachement aux

10

intérêts de l'État, fasse scission avec les autres Ordres, et que, par son défaut, l'assemblée soit privée du concours de leurs lumières et de leur zèle patriotique, secours efficaces, pour remplir les vues salutaires de Sa Majesté, objet important qui nous assemble en ce jour ? Mais quelle est la joie de notre cœur, lorsque nous voyons que ces bruits téméraires n'avaient de réel que leur supposition, puisque une partie de cet Ordre décore de sa présence cette assemblée, dans l'objet sans doute, de se dévouer à l'intérêt général !

« Livrons-nous donc, Messieurs des autres Ordres, à cette joie pure que l'union d'intérêt pour le bien général du royaume fait naître dans le cœur de tout bon citoyen ; et que cette tristesse, que vous partagiez sans doute avec nous, fasse place à des mouvements d'allégresse, et principalement, en voyant les dispositions de cet Ordre respectable à partager avec nous le fardeau pesant, mais agréable, des charges de l'État.

« Oui, Messieurs du Tiers, les députés des communes en qui ce zèle patriotique que nous admirons en Messieurs de la Noblesse est également inné, nous sommes édifiés de votre empressement à vous rendre aux volontés du meilleur des Rois et nous le sommes d'autant plus, que la plupart de vous, malgré la rigueur des froids de la saison, avez franchi les difficultés pénibles des chemins lointains, couverts de neige, de glace et de frimat, pour vous rendre à notre assemblée et venir donner avec nous au Souverain des preuves d'une fidélité inviolable et d'une reconnaissance au-delà de toute expression, de toutes ses bontés paternelles.

« Oui, Messieurs les députés des communes qui re-
présentez le troisième ordre de l'État de notre ressort,
cet Ordre, qui, en vivifiant, à la sueur de son front,
notre mère commune, je veux dire la terre, fait fleurir
nos campagnes, jaunir nos moissons et substente tous
les êtres créés ; cet Ordre, qui sait dompter les éléments
qui séparent les mondes et de toutes leurs parties les
plus éloignées, n'en fait qu'un seul par le moyen de la
navigation et renait *(sic)*, dans chaque climat, les pro-
ductions de tous, par celui du commerce ; cet Ordre, qui
met en mouvement les manufactures, dirige les fabri-
ques et met en vigueur tous les talents mécaniques ;
cet Ordre, qui fait également briller tous les arts
libéraux, qui, sans lui, seraient tombés dans l'anéan-
tissement avec les premiers maitres de l'éloquence, je
veux dire les Grecs et les Romains ; cet Ordre, qui
peuple les armées, fait respecter la gloire de la France
et assure à son Prince la propriété du Royaume ; cet
Ordre enfin, si nécessaire aux autres Ordres de l'État,
qu'ils ne sauraient s'en passer sans être exposés à
manquer de tout ; oui, Messieurs du Tiers, je n'en-
treprendrai pas de faire votre éloge, quelque édifié
que nous puissions être de votre zèle patriotique.
Tout ce que je pourrais dire, quelque vrai qu'il puisse
être, serait regardé comme partial, ayant eu le bonheur de naître parmi vous.

« Mais, que nous reste-t-il à dire pour remplir le devoir de notre ministère ? j'ai l'honneur de parler à tous
les Ordres, il nous reste à vous exhorter, Messieurs, à
nous réunir d'intérêt, premier, seul et unique mobile

de l'union des cœurs ; car, ne nous le dissimulons pas, c'est une vérité généralement reconnue par l'expérience de tous les jours, le seul intérêt divise les proches et détruit les familles, à plus forte raison. peut-il diviser les royaumes et en affaiblir les forces. C'est une prophétie du prophète des prophètes, *omne regnum in se divisum desolabitur*. Notre juste Monarque a prononcé l'égalité des charges de l'État proportionnelle aux facultés de chaque individu de tous Ordres. Pourrions-nous, sans trahir l'État et la patrie, ne pas concourir à l'exécution d'une loi aussi sage que naturelle ? nous participons tous également à l'avantage du nom glorieux de français ; pourquoi nous refuserions-nous à en partager les charges inséparables ? Plus nous avons des propriétés à conserver, plus nous devons payer des charges sans l'emploi desquelles le droit sacré de propriété pourrait être offensé.

« Unissons-nous donc d'intérêt, Messieurs, nous réunirons nos cœurs et ne formerons qu'une seule et même famille ; ce premier pas ainsi fait, il nous reste à réunir les doléances de tous les Ordres, en général ou de chacun d'eux en particulier, en un seul et même cahier qui sera porté à l'assemblée de la Sénéchaussée principale.

« Pour dernière opération qui doit être suivie d'action de grâce au meilleur des Rois et au plus sage des ministres (M. de Necker) qui seconde si parfaitement ses vues bienfaisantes. nous avons à remplir six députations fixées par Sa Majesté pour notre Sénéchaussée. Chaque députation comprend quatre sujets,

dont un pour chacun des premiers ordres, et deux
pour celui du Tiers, ce qui fait le nombre de 24 dont
6 dans celui du Clergé, 6 dans celui de la Noblesse
et 12 dans celui du Tiers. Chaque Ordre peut délibérer
séparément ou en commun, si tous les Ordres y
consentent.

« Mais de quelle façon qu'il soit opéré, soit en particulier, soit en commun, il nous reste une tâche à
remplir, également essentielle au devoir de mon ministère, c'est de vous exhorter, Messieurs, à ne consulter
que la voix de votre conscience dans le choix des députés et à bannir et écarter tout intérêt et préjugés
particuliers, en ne consultant que le seul intérêt de
l'État. Tel est le vœu de notre auguste Souverain, tel
est le nôtre et tel doit être celui de cette respectable
assemblée ».

Après quoi, l'assemblée nous ayant témoigné qu'elle
avait besoin de se séparer, nous aurions ordonné, à la
réquisition du procureur du Roi, que, dans l'intervalle
de l'entre-séance, les différents Ordres de cette assemblée conféreront entre eux à l'effet qu'il soit déterminé
et arrêté, à l'heure de deux de relevée, à laquelle avons
renvoyé la continuation du présent verbal, si lesdits
Ordres procèderont en commun, ou chacun d'eux en
particulier, à l'effet de quoi, avons indiqué l'Hôtel de
Ville à Messieurs du Clergé et le Palais à Messieurs de
la Noblesse, et avons signé avec le procureur du Roi
et le greffier.

(Signé :) de Tassis du Poil, lieutenant général ; Collomp, procureur du Roi ; Collomp, greffier.

Et ladite heure de deux de relevée étant advenue,
nous nous serions de nouveau rendu à la présente
chapelle, en compagnie du procureur du Roi et du
greffier, et l'assemblée s'étant de nouveau formée,
Mʳᵉ Poyet, capiscol de la cathédrale de Glandevès,
pour et au nom de l'ordre du Clergé aurait dit :

« Monsieur et Messieurs,

« Je voudrais bien être en état de peindre à M. le
Lieutenant et à M. le Procureur du Roi avec combien
de satisfaction nous avons entendu leurs discours,
où l'éloquence, le patriotisme ont brillé à l'envi l'un
de l'autre, et où ce que nos cœurs nous inspirent
pour l'auguste Monarque qui nous gouverne, est
exprimé d'une manière si analogue à nos sentiments
d'obéissance, d'amour et de confiance. L'ordre du
Clergé m'a chargé, Messieurs, de vous en témoigner
sa juste reconnaissance ; elle est d'autant plus vive que
vous avez eu la bonté d'augurer favorablement de sa
manière de penser sur les grandes questions qu'on
agite dans le Royaume. Il me serait impossible d'en-
trer dans le détail ; il suffira, j'espère, Messieurs, de
vous dire en général non-seulement que le Clergé assemblé ici ne veut point de distinction pécuniaire
dans les impositions publiques et particulières, mais
qu'il regarderait comme une véritable injure de le
traiter différemment des autres Ordres et que ce sera

le comble de ses vœux de lui accorder cette grâce. C'est, Messieurs, mon sentiment particulier, c'est celui du saint et vénérable Prélat qui m'a députe et qui aurait regardé comme le plus beau jour de sa vie, de pouvoir paraitre au milieu de vous ; c'est le sentiment des vénérables chapitres de Sénez et de Glandevès ; c'est le vœu de tous ses pasteurs exemplaires qui supportent avec joie le poids du ministère sans en avoir toujours la juste récompense en cette vie.

« Un autre de leurs vœux serait aussi, Messieurs, de délibérer en commun avec cette illustre Noblesse qui honore notre assemblée de sa présence, et qui a toujours été l'appui du trône et de la religion, avec Messieurs du Tiers-État à qui nous devons la régénération de l'État. Mais, ayant réfléchi que, si les opérations des ordres se faisaient séparément, elles avanceraient davantage et qu'ils pourraient plutôt aller remplir les fonctions indispensables du temps pascal, ils vous prient de leur permettre de s'assembler séparément, en vous assurant qu'ils ne seront séparés de vous que par le lieu et jamais par les sentiments d'union, de concorde et de paix, qu'ils veulent prêcher encore plus d'exemple que de parole » ; de tout quoi, il nous a requis acte et a signé.

[(Signé :) Poyet, capiscol.]

Ensuite Mᵉ d'Autane, seigneur en partie des lieux d'Allons et de Sausses, portant la parole pour l'ordre de la Noblesse, a dit :

« Monsieur et Messieurs,

« Vous nous voyez ici en bien petit nombre pour qu'il nous soit possible d'exécuter les ordres du Roi dans tous ses points ; mais nous ne voulons pas vous laisser ignorer combien nous sommes portés à nous unir à vous, pour faire à notre maître le sacrifice de nos biens. L'acquittement de la dette nationale nous intéresse tous, et tous les Ordres en doivent partager le fardeau. Notre vœu, Messieurs, est que tout impôt pécuniaire soit perçu également sur tous les biens des trois Ordres » ; de tout quoi il nous a requis acte et a signé.

(Signé :) d'Autane.

Et nousdit lieutenant, ayant concédé acte à Messieurs du Clergé et de la Noblesse de leurs dires ci-devant, les avons invités à se rendre, chacun d'eux, en ordre à l'endroit qui leur a été indiqué à la précédente séance pour faire leurs opérations à leur particulier ; après quoi, ayant vidé l'assemblée, nous aurions ordonné, à la requisition du procureur du Roi, que tous Messieurs les députés des communes déposeront sur le bureau le cahier des doléances de leur communauté, pour, tous lesdits cahiers, être rédigés en un seul et même cahier, par des commissaires qui seront nommés de suite à la voix par l'assemblée. Et, après avoir fait passer les voix, la pluralité des suffrages s'est réunie sur la tête et en la personne de MM. Balthasar Lieu-

taud, avocat en la cour, maire, premier consul de cette
ville ; Gras du Bourguet et Joseph Meifred, aussi
avocats de cette même ville ; Jean-Antoine Robion,
avocat de la ville d'Annot ; Pierre-François-Louis-
Joseph Bernard, aussi avocat de la ville d'Annot, et
Jean-Joseph Mandine, notaire royal du lieu du Fugeret,
tous membres de l'assemblée et du nombre des députés de leurs communautés, lesquels ont retiré en leur
pouvoir tous les différents cahiers des doléances des
communes, pour s'occuper de leur rédaction en un
seul cahier, qu'ils remettront à la séance prochaine,
que nous avons renvoyée à demain, 4 du courant, à 8
heures du matin, et avons signé avec le procureur du
Roi et le greffier.

(Signé :) de Tassis du Poil, lieutenant général ;
Collomp, procureur du Roi ; Collomp, greffier.

Et ladite heure de 8 du matin de ce jour, 4 avril
étant advenue, nous nous serions de nouveau rendu,
avec le procureur du Roi et le greffier en ladite chapelle, où étant et l'assemblée de nouveau formée,
Messieurs les commissaires, nommés à la séance précédente pour rédiger le cahier général des doléances
des communes, nous ont dit avoir fini le travail et ont
déposé ledit cahier sur le bureau, et après que lecture
en a été faite, par notre greffier, à haute et intelligible
voix à l'assemblée, les députés de la communauté de
cette ville ont déclaré ne pouvoir approuver la réclamation de la communauté d'Entrevaux de son ancien
régime, devant au contraire y renoncer, à l'imitation

des deux premiers Ordres, tout privilège devenant
aujourd'hui odieux, et ont protesté contre ladite pro-
clamation, à laquelle protestation tous les autres députés ont adhéré ; et les députés de ladite communauté
d'Entrevaux ont protesté au contraire, ainsi qu'il
conste au pied desdites doléances généralement ap-
prouvées par l'assemblée, hors le fait ci-dessus par la
signature de Messieurs les commissaires ; lequel cahier
des doléances avons coté et paraphé *ne varietur*, et
suivra notre présent procès-verbal.

Et, sur la motion qui a été faite à l'assemblée par le
Sr Marié, bourgeois, un des députés de cette communauté, que l'assemblée devait, par honnêteté et par
convenance, députer quelques membres du Tiers auprès
des deux premiers Ordres, pour leur témoigner la
sensibilité de leur Ordre à leur réunion avec eux dans
le support qu'ils veulent faire des charges et impôts de
l'État et du pays, et même des impôts locaux par égalité proportionnelle à leurs facultés ;

L'assemblée a unanimement nommé et prié par
acclamation : Sr Jean Marié, bourgeois, et les sieurs
maires des communautés de cette ville, Entrevaux,
Annot et Sénez, pour satisfaire au vœu de l'assemblée,
laquelle nous ayant témoigné être bien aise de se séparer, avons renvoyé la continuation de notre présent
verbal à 2 heures de relevée, et avons signé avec le
procureur du Roi et le greffier.

(Signé :) de Tassis du Poil, lieutenant général ;
Collomp, procureur du Roi ; Collomp, greffier.

Et l'heure de deux étant advenue, nous nous serions de nouveau rendu à ladite chapelle de Saint-Joseph, avec ledit procureur du Roi et notre greffier, où étant, l'assemblée étant formée, Messieurs des deux premiers Ordres seraient entrés dans la salle et se seraient acquittés envers Messieurs du Tiers du retour de la députation qui leur avait été faite à la séance précédente ; et s'étant ensuite retirés, nous aurions dit :

« S'il a été agréable et flatteur pour moi, Messieurs, de présider les trois Ordres qui composent la Sénéchaussée, il ne m'est pas moins satisfaisant de me trouver encore à votre tête et de partager avec vous la confiance des communes. Chargé de la députation de la communauté du lieu de Brenon, je concourirai *(sic)* avec vous autres à la rédaction que le Roi désire : douze d'entre nous seulement doivent se rendre à Draguignan pour l'élection des députés aux États Généraux; que notre choix ne s'arrête que sur les plus dignes. Je n'ignore point que la brigue peut souffler à vos oreilles le venin de la discorde ; mais que peuvent des esprits envieux et méchants sur des hommes que la raison éclaire et qui viennent de prendre le ciel à témoin, que leur confiance et leur honneur seront leur unique guide? Procédons de concert et à l'unisson à l'élection que nous avons à faire, et livrons au mépris tous les discours séditieux qu'on peut tenir et ceux qui ont eu la coupable témérité de les répandre. En conséquence, je nomme pour remplir *(sic)* les députés du Tiers Ordre : (1)

---

(1) Lacune dans le texte.

. . . .
. . . .
. . . .

Et à mesure que nous avions commencé notre nomination, M⁰ Lieutaud, député de la communauté de cette
ville, nous a interrompu et, d'un ton élevé, nous a em-
pêché de continuer notre nomination ; et, malgré que
nous lui ayons ordonné de se taire, il a persisté toujours sur le même ton, ce qui nous a obligé de discon-
tinuer, tellement que le ministère de M. le procureur
du Roi s'est élevé, ce qui nous fait craindre que ledit
M⁰ Lieutaud ne vienne exciter le trouble et empêcher
la nomination des députés, ce qui est la cause que
nous lui avons ordonné, à la requête du procureur du
Roi, de s'asseoir à sa place et d'attendre à son tour
d'opiner ; et tout de suite, après lui avoir fait faire
lecture de notre présente ordonnance, avons continué
d'opiner et ordonné, après avoir ouï le procureur du
Roi, que les opinions seront continuées. Et, à mesure
que nous allions continuer notre nomination, ledit
M⁰ Lieutaud s'étant levé, aurait pris à témoin l'assemblée de ce que nous lui refusions de coucher son dire
sur le registre, portant réquisition d'un verbal d'opinions dans la nomination, et qu'il fût choisi trois
personnes pour aider à M. le greffier, ce qui, sur le
nombre d'au-delà de cent députés, nous mènerait à un
travail infini et empêcherait les députés qui seront
nommés d'avoir le temps de se rendre le 7, à Draguignan ; considérant d'ailleurs que cette motion tendante
à nommer trois personnes pour aider à notre greffier

fait suspecter sa probité [et est] injurieuse non-seulement contre lui, mais encore à l'autorité royale qui l'a commis nommément, déclarons que nous allons continuer notre nomination et que, là où ledit Me Lieutaud ou tout autre persisterait et élèverait des nouvelles contestations, nous serons obligé de sévir contre eux par les moyens les plus propres à accélérer notre commission, conformément aux vues et aux intentions de Sa Majesté, desquelles nous ne saurions nous écarter et que nous sommes obligé de leur rendre un compte exact et circonstancié des troubles et de tout ce qui se passera à notre assemblée.

En continuant notre nomination et à mesure qu'on y procédait, M. le procureur du Roi a dit qu'il vient de s'apercevoir que Me Carbonel, notaire royal, député de la communauté de Taloire, tient un registre à la main, en présence de toute l'assemblée, et recueille les différents suffrages qui sont portés par messieurs les députés, ce qui [ne] tend sans doute qu'à manifester des soupçons injurieux au greffier en chef de notre Sénéchaussée, qui est fait pour les recueillir lui-même, laquelle injure, d'après le procédé de Me Lieutaud, ci-devant retracé, rejaillit sur le tribunal qui lui a donné, à juste titre, sa confiance; au moyen de quoi il nous requiert d'en faire conster sur le registre, sauf tous les droits qui compétent au greffier et au tribunal, à raison de ladite injure en temps et lieu. Et nousdit lieutenant, ouï le procureur du Roi, déclarons que ledit Me Carbonel, notaire royal et commis au contrôle, receveur des domaines de la viguerie de Castellane, d'Annot et Val de Barrème et finalement commis au contrôle, a tenu

jusques à présent ledit contrôle des suffrages ; et continuant à faire opiner, Mᵉ Carbonel a aussi continué d'en
tenir registre ostensiblement et avec la même affecta-
tion, et il a de plus, lorsqu'il a été son tour de nommer,
dit : « Je nomme M. le procureur du Roi, parce qu'il a
fait lui-même son discours », ce que toute l'assemblée
a reconnu par le ton avec lequel il l'a prononcé et les
gestes dont il l'a accompagné, voulant insinuer par là
que nous n'avions pas fait le nôtre, et que nous ne
méritions pas par là, ni la place que nous occupons,
ni la confiance de l'assemblée ; et ayant fait opiner tous
les députés séparément et à haute voix, pour la nomination des douze électeurs pour Draguignan, lesquels
suffrages ont été recueillis, à fur et à mesure que chaque député a nommé, par notre greffier, il est résulté
que la pluralité des suffrages s'est réunie aux personnes de :

M. Mᵉ Joseph Collomp, conseiller du Roi et son
procureur en cette Sénéchaussée, député de la communauté de Sausses ; Mᵉ Lieutaud, avocat, maire et député
de cette ville ; Gras du Bourguet, aussi avocat de cette
ville, aussi député de la communauté de Villars-Brandis;
Mᵉ Joseph Marie, médecin de cette ville, député de la
communauté de Saint-Julien ; Mᵉ Louis-François Meifred, aussi avocat de cette villle, aussi député de cette
ville ; Mᵉ Jean-Baptiste Gras, aussi avocat de cettedite
ville et député de cette communauté ; Mᵉ Bernard, notaire royal, député de la communauté de la ville d'Annot;
Sʳ Honoré Rocas, bourgeois, maire et député de ladite
communauté d'Annot ; Mᵉ Jean-Antoine Robion, avo-

cat de la même ville et un de ses députés ; Me Henry
Juglar, avocat du lieu de Saint-André et un des dépu-
tés de la communauté dudit lieu ; Me Jean-Joseph
Sauvan, notaire royal du lieu de Méailles et un des
députés de la communauté dudit lieu ; et finalement,
Me Jean-Joseph Mandine, notaire royal du lieu du
Fugeret et un des députés de la communauté dudit
lieu.

Et l'assemblée nous ayant témoigné qu'il était temps
qu'elle se séparât, avons renvoyé la continuation du
présent verbal à demain, cinquième du courant, à 9
heures du matin, à cause du dimanche des Rameaux,
et avons signé avec le procureur du Roi et notre
greffier.

(Signé :) de Tassis du Poil, lieutenant ; Collomp,
procureur du Roi ; Collomp, greffier.

Et ledit jour 5 étant advenu, nous nous serions
rendu, à ladite heure de 9 du matin, en ladite chapelle avec le procureur du Roi et notre greffier, où
étant, après que l'assemblée a été formée, Me Collomp,
procureur du Roi, en qualité de député de la commu-
dauté de Sausses, a dit qu'il est très sensible à la confiance que l'assemblée lui a donnée en le plaçant dans
le nombre des électeurs des communes du ressort, pour
nommer les députés aux États Généraux à l'assemblée
de Draguignan, qu'il a un regret infini de ne pouvoir
remplir la commission qui lui est déférée, à cause de la
circonstance fâcheuse pour lui qui se rencontre et y

met obstacle : il se doit à son ministère de procureur du
Roi préférablement à tout autre objet. Il vient d'appren-
dre que le procureur des Économats lui a fait donner
assignation, en la personne du greffier de la Sénéchaussée, pour se rendre demain, 6 du courant, à la
cité de Sénez, pour assister à la vérification des scellés
qu'il avait fait apposer lui-même au palais épiscopal
de ladite cité, lors du fâcheux évènement du décès du
seigneur évêque de Castellane, pour assurer les effets
de sa succession, soit à ses héritiers, soit aux créan-
ciers, soit enfin aux Économats, pour l'intérêt desquels
personne ne se présenta à la fatale époque dudit décès.
Et, comme cette assignation indispensable ne lui permet
de pouvoir se trouver à Draguignan, après-demain 7
du courant, il prie l'assemblée de nommer à sa place
tel autre sujet qu'elle avisera ; et, comme les moments
sont précieux et qu'un nouveau suffrage à cet effet de
tous Messieurs les députés de l'assemblée, traînerait
en longueur [et serait] capable de faire retarder Messieurs les autres électeurs, l'assemblée pourrait déclarer,
si elle le trouve à propos, que la personne qui après lui
a réuni plus de suffrages pourrait le remplacer, et a
signé.

    (Signé :) Collomp, procureur du Roi.

Et la pluralité des voix se réunissant sur nousdit
lieutenant, aurions exposé à l'assemblée que [les] mêmes
raisons nous empêchaient de pouvoir nous trouver et à
Sénez et à Draguignan, et au moyen de ce, ayant fait
compter par notre greffier celui qui réunissait le plus

de voix, il s'est trouvé Sr Henri Fort, maire et député
de la cité de Sénez, et qui a été agréable à toute
l'assemblée ; après quoi, les deux premiers Ordres ne
s'étant pas encore rendus à la présente assemblée,
nous les aurions mandé prier de se rendre, par un des
Messieurs commis au greffe. Et les deux premiers
Ordres s'étant de suite rendus, ils auraient chacun
d'eux remis le cahier des doléances de leur Ordre, signé par les commissaires qui ont présidé et par le
président, que nous avons coté et paraphé *ne varietur*,
de même que la délibération que chacun d'eux a pris
(*sic*) en particulier, desquelles il résulte qu'ils ont rempli leurs députations des personnes ci-après dénommées,
savoir :

POUR LE CLERGÉ

MM. Joseph Laurensy, prieur, curé de cette ville ;
Féraud, curé d'Annot ; Poësy, curé de la cathédrale
de Glandevès ; Engelfred, prieur-curé de Moriès ; Jean
Martiny, prieur-curé de Taloire ; et Dedoue, curé des
Mujouls.

DANS L'ORDRE DE LA NOBLESSE

Mres Hilarion de Chailan, lieutenant des vaisseaux
du Roi, chevalier de l'ordre royal et militaire de Saint-
Louis ; François Aillaud, seigneur de Meouille et du
Villars ; et Jean-Charles-François d'Autane, seigneur
d'Allons.

Et ayant, lesdits MM. de la Noblesse, déclaré ne pouvoir entièrement remplir leur députation, à cause de leur petit nombre.

Et après que Messieurs les députés du Tiers ont déclaré accepter la commission, la présente assemblée leur a donné unanimement tous les pouvoirs requis et nécessaires de les représenter en ladite assemblée qui se tiendra à Draguignan pour toutes les opérations qui y seront relatives, comme aussi de donner pouvoirs généraux et suffisants à ceux qui seront députés aux États Généraux pour proposer, remontrer, aviser et consentir tout ce qui peut concerner les besoins de l'État, la réforme des abus, l'établissement d'un ordre fixe et durable dans toute les parties de l'administration, la prospérité générale du Royaume et le bien de tous et chacun des sujets du Roi.

Ensuite ledit Sr procureur du Roi a dit qu'il est édifié de la réunion d'intérêt des deux premiers Ordres avec celui du Tiers et que l'assemblée, en général, doit s'en féliciter ; après quoi, ladite assemblée, dans cet enthousiasme de reconnaissance dont elle est intimement pénétrée des bontés paternelles du seigneur Roi, le meilleur des monarques, a, par acclamation réitérée, délibéré de charger le présent procès-verbal d'actions de grâce multipliée et des vœux les plus sincères et les plus étendus pour la conservation de sa personne sacrée et de celle du sage et zélé ministre qui seconde si parfaitement ses vues bienfaisantes ; et

ainsi que dessus, a été par nous procédé au présent
verbal qui a été par nous signé, de même que par le
procureur du Roi et le greffier, et tous les comparais-
sants qui ont su et voulu, lequel restera au greffe et
duquel extrait en forme sera remis auxdits électeurs
pour constater leurs pouvoirs ; et, après avoir fait faire
lecture du présent procès-verbal, l'avons clos et arrêté
cejourd'hui [en présence de (?)] tous les Ordres, dans
la chapelle de Saint-Joseph de cette ville de Castellane,
le 5 avril 1789.

(Signé :) Poyet, député (?) du clergé ; Gravier-
Montlevan ; Martiny, prieur-curé ; Poësy, curé ; Dedouc, prieur-curé ; Engelfred, prieur-curé ; Chailan ;
L. Manganelle, [des] Grands Augustins ; d'Aillaud-
Méouille ; d'Autane ; Liautaud, maire, sans approbation des faits contenus au présent procès-verbal contre
nous et contre Me Carbonel, seigneur de Vaucroue et
en partie du Bourguet, comme contraire à notre façon
de penser et opposé aux sentiments qui nous animent,
protestant de nous pourvoir, ainsi que nous aviserons,
contre les dires et réquisitions qui ont été faites contre
nous.

Meifred, député, Gras, député, Marie Clarens, le
maire d'Entrevaux et les députés de ladite communauté
protestent au contraire contre les protestations faites à
l'occasion de la réserve d'être maintenu dans son
régime actuel, à laquelle, ils persistent, de même que
les captations des suffrages.

(Signé :) Bonnety, maire ; Bon, député ; Bernard, député ; Bonnet, député ; Blanc du Collet, député ; Bonety, député ; Robion, député ; Bernard, député ; Rocas, député ; Rocas député ; Fort, député ; Gras, du Bourguet ; Pascal, député ; Collomp, député ; Issautier ; Latil.

Avant signer, les députés de la communauté de Blieux protestent de ce que la députation de Messieurs les élus pour Draguignan a été préméditée avant l'assemblée et que les suffrages ont été captés.

(Signé :) A. Feraud, maire ; Gouis, Audibert, députés de Blieux ; Rouvier, député ; Bertrandy ; Bonety, maire ; Pascal ; Noé Arnaud ; Simon ; Bérard, député ; Paban ; Grégoire Dol ; Collomp ; Blanc ; Brun ; Joseph Bonnefoy ; Preire, consul ; Raybaud, Drogoul ; Bouffart ; Rolland ; Coulet ; Jean Beuf ; Jacques Collomp ; Richard, ; Marie ; Marie, docteur ; Ravel ; Germain ; H. Fabre ; Rolland ; Perimond ; J.-F. Chabaud ; Daumenge, maire ; Bac ; Cauvin ; Bonhomme ; Feraud ; Garnier ; Renouart ; Castel ; Sauvan ; Flory ; Philip ; B. Philip ; A. Clary. (M. Gibert Carbonel, de la communauté de Taloire, a protesté contre tout ce qui a été dit contre lui, n'ayant point entendu injurier ni offenser personne dans tout ce qu'il a fait et dit, qu'on a mal interprété sa façon de penser, sans approbation de la protestation de Me Liautaud au chef de la réserve par lui faite de se pourvoir, et a signé. (Signé :) Carbonel). Audibert ; Barnaud ; Mandine ; Sauvan ; Dedoue ;

Philip ; Collomp, procureur du Roi ; de Tassis du Poil, lieutenant général ; Collomp, greffier.

Collationné par nous, greffier en chef.

(Signé :) Collomp, greffier.

PROCÉS-VERBAL

DE L'ASSEMBLÉE DU CLERGÉ DE LA SÉNÉCHAUSSÉE DE CASTELLANE

L'an mil sept cent quatre-vingt-neuf et le trois avril, le Clergé de la Sénéchaussée de Castellane ayant délibéré de tenir ses assemblées séparément pour la députation aux Etats Généraux, convoquée par Sa Majesté, pour le 27 du courant, s'est rendue dans l'Hôtel-de-Ville de Castellane, qui lui a été fixé par M. le Lieutenant général, dans la séance qu'il vient de tenir à 3 heures de relevée, pour le lieu de ses assemblées, et où ont été présents :

M^res Jean-Baptiste-Michel Poyet, capiscol, vicaire général et député de Mgr l'évèque de Glandevès ; Jacques Pons, chanoine sacristain, député dudit chapitre de Glandevès ; Jacques-Joseph Gibelin, chanoine et député du chapitre de Sénez ; Joseph Laurensy, prieur-curé de Castellane ; Honoré Blanc, vicaire de la paroisse de Peiroules, représentant Mre Henry, curé de l'église cathédrale de Sénez ; Antoine Poësy, curé de la cathédrale de Glandevès et député de M^res Deodet, curé de Saint-Martin d'Entrevaux, et de Philip, curé d'Ubraye ; Honoré-Mathieu Féraud, curé d'Annot ; Pierre de Montblanc, prieur-curé de Braux ; Alexandre Dedoue, prieur-curé des Mujouls, fondé de procuration de M^res Isnardy, curé de la Rochette, et de Clary, prieur-curé de Sallagriffon ; Jean-Baptiste-Étienne-Honoré

Gravier-Montlevan, curé du Fugeret ; Jean-Antoine Lambert, prieur-curé de Meailles; Jean Martiny, prieur-curé de Taloire ; Jean-Honoré Périer, curé de la Mure, fondé de procuration de M^re d'Aillaud, prieur-curé d'Allons ; Jean-Joseph Perrimond, prieur-curé de Chasteuil, fondé de procuration de M^res Rabier, prieur de Gueidan, et [de] Garnier, prieur de Villevieille ; Jean Mistral, curé de Vergons ; Jean-André Gandalbert, prieur-curé de Saint-Jullien et de Demandols ; Jean-Joseph Eyssautier, curé d'Angles ; Joseph Engelfred, prieur-curé de Moriez; Jean Bondil, curé de Robion ; Jean-Baptiste Vial, curé de Blieux, fondé de procuration de Mre Bernard, prieur-curé du Poil; Denis Roux, curé de la Bastide d'Esclapon ; Étienne Roux, curé de la Martre et procuré de Châteauvieux ; Jean-Étienne Mytre, curé de Comps, procureur fondé de Mre Trabaud, prieur-curé de Saint-Pierre ; Pierre Martin, prieur-curé de Brenon ; André Martiny, prieur-curé de la Garde ; Jacques Pellat, prieur-curé de Castillon ; Jean-Joseph Carbonel, prieur-curé de Peiroules ; Honoré Atenoux, procureur fondé de Mre Bonnefoi, d'Argens ; Jean-Honoré-Antoine Gravier, procureur fondé des dames religieuses de la Visitation de Castellane ; Jean-Baptiste-Auguste Mistral, prêtre vicaire de Castellane, procureur fondé de Mre Bernard, chapelain de Notre-Dame du Mousteiret ; Lions, prieur-curé de Sausses, et Blanc, curé de Saint-Benoit, représentés par Jean-Antoine Lambert, curé de Méailles ; Joseph Bertrand, prieur-curé de Peyresc, représenté par Mre Gravier de Montlevan, curé du Fugeret ; Jean-Baptiste-André Roux, prieur-curé de Saint-André repré-

senté par Joseph Engelfred, prieur-curé de Moriez ;
Fr. Jacques Manganelle, religieux Grand Augustin et
député du couvent royal de cette ville ; et Jean-Joseph
Bernard, vicaire de la paroisse de Castellane, député
des prêtres et ecclésiastiques de cette paroisse.

A laquelle assemblée, Mre Poyet, président, a dit
qu'il lui paraissait à propos de commencer la présente
séance, par la nomination de deux secrétaires pour
écrire le procès-verbal ; et, avant que de procéder à la
nomination, il a été convenu, d'une voix unanime, que
l'ordre qu'on suivrait en opinant ne tirerait à aucune
conséquence pour les rangs, les dignités, ni le droit de
qui que ce soit.

Et de suite, on a nommé aussi d'une voix unanime
pour secrétaires, Jean-Antoine Lambert, prieur-curé
de Méailles, et Jean-Joseph Bernard, vicaire de la paroisse de Castellane.

Et de suite, après avoir entendu la lecture des cahiers
des doléances présentés par Mgr l'évêque de Glandevès, le vénérable chapitre de Glandevès et de Sénez,
de MM. les curés de la Sénéchaussée de Castellane,
M. Poyet, président, a proposé de nommer des commissaires pour rédiger lesdits cahiers ; et, après avoir
pris l'avis des délibérants, on a nommé d'une voix
unanime pour faire cette rédaction :

MM. Jacques Pons, chanoine sacristain et député de
l'église cathédrale de Glandevès ; Joseph Laurensy,
prieur-curé de Castellane ; Honoré-Mathieu Féraud,
curé d'Annot ; Jean-Joseph Perrimond, prieur-curé

de Chasteuil ; Alexandre Dedoue, prieur-curé des Mujouls ; et plus n'a été délibéré.

(Signé :) Poyet, vicaire général, député de Mgr l'évêque de Glandevès, président ; Lambert, prieur-curé, et Bernard, prêtre, secrétaires.

PROCÈS-VERBAL

DE L'ASSEMBLÉE DE LA NOBLESSE DE LA SÉNÉCHAUSSÉE DE CASTELLANE

Du trois avril mil sept cent quatre-vingt-neuf, nous Jean-Charles-François d'Autane, seigneur d'Allons, tant en notre propre qu'en qualité de procureur spécialement fondé de haute et puissante dame Anne-Marthe de Monier, marquise de Villeneuve, dame des Mujouls, Sausses et en partie de Verrayon, veuve de Mre Antoine-François de Villeneuve-Mons, tant en son propre qu'en qualité de mère, tutrice et administraresse de Mre Jean-Baptiste-Marcellin-Sévère de Villeneuve, officier dans le régiment d'Artois, suivant la procuration du 28 mars dernier, reçue par Me Paul, n^{re} à Draguignan, et encore en qualité de procureur spécialement fondé de Mre Pierre de Chailan, comte et seigneur de Moriez et du Castellet la Robine, chef d'escadre des armées du Roi, suivant sa procuration du 23 mars dernier, reçue par Me Rolland, n^{re} à Saint-André, nous Hilarion de Chailan, lieutenant des vaisseaux du Roi, chevalier de Saint-Louis, domicilié à Saint-André, aussi tant en notre propre nom qu'en qualité de procureur spécialement fondé de Mre Jean-Baptiste de Chailan, sieur de Lambruisse, seigneur en partie du lieu de Moriez, et nous Mre François d'Aillaud, seigneur de Méouille et du Villars, nous sommes rendus en l'assemblée des trois Ordres de la Séné-

chaussée de Castellane, convoquée à la requête de M. le
procureur du Roi en ladite Sénéchaussée, par devant
M. le lieutenant de Sénéchal en icelle, cejourd'hui, où,
après avoir prêté le serment requis, par devant ledit
sieur lieutenant avec l'ordre du Clergé et celui du
Tiers-État, les trois Ordres s'étant séparés pour rédiger le cahier de leurs doléances et nommer les députés
de chaque Ordre en particulier pour l'assemblée qui
sera tenue à Draguignan, le 7 du courant, où se rédi-
geront les doléances des trois Sénéchaussées réunies,
et où il doit être procédé à la nomination de huit députés aux États Généraux du royaume, savoir : deux
du Clergé, deux de la Noblesse et quatre du Tiers-État;
considérant, d'une part, que nous ne sommes ici qu'au
nombre de trois membres de la Noblesse, nous avons
d'abord hésité de nous rendre en la ville de Draguignan,
attendu que nous ne pouvons pas remplir la députation
de six représentants de notre Ordre, nombre fixé par
le Roi notre maître ; mais, d'un autre côté, considérant
qu'outre notre représentation personnelle, nous sommes
encore chargés de celle de nos mandants, n'ayant rien
de plus à cœur, ainsi que nos mandants, [que] de concourir, autant qu'il est en notre pouvoir et au leur, à la
tenue et légalité des États-Généraux du royaume, après
avoir déclaré, à la première séance de l'assemblée, que
nous consentions, pour nous et nos mandants, à toutes
les contributions et impôts pécuniaires, sans distinction, sans exemptions et sans réserve, nous avons cru
ne devoir pas arrêter notre zèle à ce seul acte de renon-
ciation pécuniaire et devoir les continuer également,

pour tout ce qui contribue à la formation légale des
Etats Généraux.

En conséquence, nous Jean-Charles-François d'Autane, en notre nom et en celui de Mme de Villeneuve
et de Mre Pierre de Chailan de Moriez, nos mandants, et
nous Hilarion de Chailan, en notre nom et en celui de
Mre Jean-Baptiste de Chailan, notre mandant, avons
nommé Mre François d'Aillaud, de Méouille, pour député à l'assemblée de Draguignan; nous François d'Aillaud, seigneur de Méouille et du Villars, et Hilarion de
Chailan, en notre nom et au nom de nos constituants,
avons nommé Mre Jean-Charles-François d'Autane, seigneur d'Allons, pour député à la même assemblée ; et
nous Mre François d'Aillaud, seigneur de Méouille et du
Villars, et Jean-Charles-François d'Autanne, seigneur
d'Allons, avons nommé Mre Hilarion de Chailan, lieutenant des vaisseaux du Roi, chevalier de Saint-Louis,
pour député à la même assemblée pour y porter le cahier
des doléances de notre Ordre, y procéder à la rédaction
de ou du cahier des doléances des trois Ordres ou de
l'ordre seul de la Noblesse, s'il en est ainsi décidé, et à
l'élection des députés aux États Généraux au nombre
et dans la proportion déterminés par Sa Majesté, déclarant que c'est avec le regret le plus vif que nous
nous voyons dans l'impossibilité de nommer les six
députés, que nous serions en droit d'envoyer à l'assemblée de Draguignan, suivant les lettres de Sa
Majesté : persuadés néanmoins que notre députation
servira à corroborer, autant qu'il est en nous et en nos
constituants, l'élection qui y sera faite des deux dépu-

tés de notre Ordre aux États Généraux du royaume, déclarant qu'avant de procéder à la députation ci-devant, nous avions procédé à la rédaction de notre cahier des doléances, qui sera par nous porté, aux formes de droit, à l'assemblée de Draguignan.

Fait à Castellane, l'an et jour que dessus, et avons signé.

(Signé :) Chailan ; d'Autane ; d'Aillaud-Méouille.

Collationné par nous, greffier en chef.

(Signé :) Collomp.

PROCÈS-VERBAL

de l'assemblée générale de réunion des députés des trois Ordres des Sénéchaussées de Draguignan, Grasse et Castellane pour élire les députés aux États Généraux, convoqués à Versailles pour le 27 avril 1789.

L'an mil sept cent quatre-vingt-neuf, et le septième avril, à 8 heures du matin, à Draguignan, dans l'église des PP. de la Doctrine Chrétienne, par devant nous, Jacques-Athanase de Lombard de Taradeau, conseiller du Roi, lieutenant général civil et criminel en la Sénéchaussée de cette ville de Draguignan, président en qualité de commissaire du Roi, en présence de M. Me Honoré Thomé de Laplane, conseiller, procureur du Roi, et assisté de Me Honoré Thouron, greffier en chef de cette Sénéchaussée ;

Ont été assemblés les députés des trois Ordres des Sénéchaussées de Draguignan, Grasse et Castellane, unis dans les assemblées générales du ressort de chacune desdites Sénéchaussées, en exécution des lettres du Roi du 2 mars dernier, conformément aux règlements du même jour et du 24 janvier d'auparavant, pour la convocation des États Généraux du Royaume, et suivant l'assignation fixée par notre ordonnance du 14 dudit mois de mars, dûment mise en notice le 20 dudit mois aux premiers officiers desdites Sénéchaussées de Grasse et de Castellane.

A laquelle assemblée ont comparu et ont été inscrits, suivant l'ordre de leur élection, savoir :

DANS L'ORDRE DU CLERGÉ

Pour la Sénéchaussée de Draguignan

MM. André-César de Montgrand, vicaire général de Fréjus, tant en son propre qu'en qualité de procureur fondé de Mgr Emmanuel-François de Beausset de Roquefort, évêque de la même ville ; Honoré Reynaud, curé d'Ampus ; Jean-Étienne Mitre, curé de Comps ; Alexandre Gardiol, curé de Callian ; Jean-Martin Cavalier, prévôt de la cathédrale de Fréjus ; Honoré Régis, curé de Bargemon ; Pierre-Dominique Gras, curé de la Roque d'Esclapon ; Pierre Maurel, prêtre, chapelain de Saint-Pierre de Flayosc ; P. Antoine Abram, dominicain, supérieur de la maison de Draguignan ; Jacques Revel, curé-sacristain de la collégiale de Lorgues ; et Joseph-Ferréol Lombard, chanoine de la collégiale de Draguignan ;

Pour la Sénéchaussée de Grasse

MM. Antoine-Boniface Mougins de Roquefort, pre-

mier curé de Grasse ; Honoré Vial, premier curé de
Vence ; Jean-Baptiste Manne, prêtre, pour les prieurs
simples et chapelains ; P. Pons, augustin ; Jean-Bap-
tiste Giraud, curé de la Colle-Saint-Paul ; Honoré
Barquier, curé d'Antibes ; Honoré Cresp, curé de
Saint-Césaire ; Augustin Gleize, prieur-curé de Saint-
Auban ; Louis-Joseph Bayon, prêtre, bénéficier de
Grasse.

Pour la Sénéchaussée de Castellane

MM. Joseph Laurensy, prieur-curé de Castellane ;
Antoine Poësy, curé de la cathédrale de Glandevès ;
Alexandre Dedoue, prieur-curé des Mujoulx ; Honoré-
Mathieu Feraud, curé d'Annot ; Joseph Engelfred, curé
de Moriez et Jean Martiny, curé de Taloire ;

DANS L'ORDRE DE LA NOBLESSE

Pour la Sénéchaussée de Draguignan

MM. Honoré-François de Perrache, chevalier, seigneur d'Ampus, maréchal des camps et armées du Roi,
chevalier de Saint-Louis ; Louis-Henri de Villeneuve,
des comtes de Barcelonne, marquis de Trans, premier
marquis de France, comte de Tourrettes, seigneur de
Pibresson et autres places, colonel d'infanterie, chevalier de Saint-Louis ; François de Giraud d'Agay, ancien
capitaine des vaisseaux du Roi, brigadier de ses armées, chevalier de Saint-Louis ; Joseph-Antoine de
Perrot du Bourguet, ancien capitaine des vaisseaux du

Roi, chevalier de Saint-Louis ; François-Madelon-Melchior de Raimondis-Canaux, capitaine des vaisseaux du Roi, chevalier de Saint-Louis ; Henry-Auguste de Colomb de Seillans, chef d'escadre des armées navales du Roi, chevalier de Saint-Louis ; François-Charles d'Héraud, ancien lieutenant des vaisseaux du Roi, chevalier de Saint-Louis ; Antoine de Giraud d'Agay, ancien capitaine des vaisseaux du Roi, chevalier de Saint-Louis ; Antoine de Brun de Favas, capitaine des vaisseaux du Roi, chevalier de Saint-Louis ; Louis-Jean-Baptiste de Leclerc-Lassigny, chevalier ; Alexandre-Marie de Perrache, chevalier, seigneur d'Ampus ; Christophe de Villeneuve, chevalier, seigneur de Bargemon, Vauclause, Saint-Auban et Castillon, chevalier de Saint-Louis ;

Pour la Sénéchaussée de Grasse

MM. Honoré-Antoine-Marie de Court d'Esclapon, chevalier, seigneur en partie de Séranon ; Marie-Joseph-Jean-Baptiste de Riouffe ; Jean-Charles de Riouffe et Jean-Baptiste de Riouffe ;

Pour la Sénéchaussée de Castellane

MM. François d'Aillaud, seigneur de Méouille ; Jean-Baptiste-Hilarion-Joseph de Chailan, ancien lieutenant des vaisseaux, chevalier de Saint-Louis ; Jean-Charles-François d'Autane, seigneur d'Allons et de Saussés, et en qualité de procureur fondé de M. Pierre de Chailan, seigneur de Moriez, chef d'escadre des armées navales du Roi ;

DANS L'ORDRE DU TIERS ÉTAT

Pour la Sénéchaussée de Draguignan

MM. Marc-Antoine-Hercule Jordany, avocat en la cour, de cette ville ; Maximin Isnard, cadet, négociant de cette ville ; Jean-Baptiste-François-Dominique Coulomb, de la ville de Fayence, avocat en la cour ; Pierre Poulle, de cette ville, avocat en la cour ; Honoré Pierrugues, de Claviers, docteur en médecine ; Jacques Raibaud, du lieu de Bargemon, avocat en la cour ; Toussaint-Étienne Maria, du lieu de Comps, notaire royal et avocat en la cour ; Honoré Reverdit, du lieu de Bargemon, docteur en médecine ; Charles-Antoine Boyer, de la ville d'Aups, docteur en médecine ; Grégoire Jean, bourgeois du lieu de Régusse ; Jean-Baptiste Garnier, fils, bourgeois du lieu de Cotignac ; Pierre Arbaud, du lieu de Carcès, avocat en la cour ; Jean-François Pascal, du lieu des Arcs, docteur en médecine ; Victorin Perrimond, de la ville de Lorgues, docteur en médecine ; Joseph Sermet, du lieu de Vidauban, avocat en la cour ; Antoine Truc, du lieu des Arcs, notaire royal et avocat en la cour ; Barthélemy Sieyès, de la ville de Fréjus, avocat en la cour ; Antoine Cauvin, notaire royal, du lieu de Roquebrune ; Auxile Blond, de la ville de Callas, avocat en la cour : Jean-François Digne, du lieu de Figanières, avocat en la cour ; Jean-Jacques Maurel, de cette ville, avocat en la cour ; Honoré Muraire, de cette ville, avocat en la cour ; Jean-François Martin, de la cité de S$_t$-Tropez, Sr de Roquebrune ; et Joseph-François Raybaud, du lieu de Grimaud, maître en chirurgie ;

Pour la Sénéchaussée de Grasse

Jean-Joseph Mougins de Roquefort, maire de Grasse, avocat en la cour ; Christophe Bonnet, bourgeois, maire de Saint-Paul ; Jacques Bernard, ex-maire de la ville d'Antibes, bourgeois ; Jean Savournin, maire de la ville de Vence, capitaine canonnier garde-côtes ; Pierre-Rémi Hibert, du lieu de Cannes, avocat en la cour ; Jean Bonnafoux-Daumas, négociant, second consul de Grasse ; Joseph Bérenger, bourgeois du lieu de Mougins ; Claude-Henry Roubaud d'Antelmy, de la ville de Grasse, avocat en la cour ; Louis-Dominique Luce, de la même ville, négociant ; Lambert Bérenger, bourgeois de Biot ; Gaspard Bernard, bourgeois de la ville de Saint-Paul, ex-maire ; Jean-François Barbery-Roquebrune, de la ville de Grasse ; Maximin Isnard, négociant de la même ville ; Jacques Euzière de la Valette, du lieu de Saint-Jeannet, avocat en la cour ; Esprit-Joseph Reille, lieutenant en la judicature royale de la ville d'Antibes ; Jean Gazagnaire, bourgeois de la ville de Coursegoules ; Jean Ollivier, notaire royal du lieu de Gars, et Joseph Blacas, bourgeois de la ville de Saint-Paul, maire de Villeneuve ;

Pour la Sénéchaussée de Castellane

MM. Balthasar Lieutaud, avocat, maire et premier consul de Castellane ; Gras du Bourguet, de la ville de

Castellane, avocat en la cour, député de la communauté de Villars-Brandis ; Joseph Marie, docteur en médecine, député de la communauté de Saint-Julien ; Louis-François Meiffred, avocat en la cour, député de la ville de Castellane ; Jean-Baptiste Gras, député de la même ville, avocat en la cour ; Beroard, notaire royal, député de la ville d'Annot ; Honoré Roccas, bourgeois, maire, député de la même ville ; Jean-Antoine Robion, de la même ville, avocat en la cour ; Henry Juglar, avocat en la cour, député de la communauté de Saint-André ; Jean-Joseph Sauvan, notaire royal, député de la communauté de Méailles ; Jean-Joseph Mandine, notaire royal et député de la communauté du Fugeret ; Henry Fort, maire et député de la cité de Sénez ;

Les députés de l'ordre du Clergé placés à la droite, ceux de l'ordre de la Noblesse à la gauche et les députés de l'ordre du Tiers État en face.

Les pouvoirs de tous lesdits députés ont été dûment par nous vérifiés sur les extraits en forme des procès-verbaux des assemblées générales des trois Ordres de chaque ressort tenues, savoir :

A Draguignan, le 27 mars 1789 ;
A Grasse, le 26 du même mois,
Et à Castellane, le trois du mois d'avril courant.

Et, de suite, sur la réquisition du procureur du Roi ;
Nous, lieutenant général, avons concédé acte à tous les députés présents des trois Ordres des Sénéchaussées

réunies, de leur comparution, donné défaut contre les non comparants, et ordonné que les présents délibèreront pour les absents.

Et, de même suite, nous avons reçu le serment que tous lesdits députés présents ont prêté, à la manière accoutumée, et ordonné, d'après les requis des trois Ordres, ouï sur ce le procureur du Roi, que lesdits députés ou électeurs de chaque ordre procèderont parmi eux, en notre présence, dans la forme, au nombre et proportion prescrits par les règlements des 24 janvier et 2 du mois dernier, à l'élection de leurs députés aux États Généraux.

Ordonnons, à cet effet, que, pour parvenir à cette élection, il sera d'abord fait choix au scrutin, dans l'ordre du Clergé, des trois membres de l'assemblée dudit ordre, qui seront chargés d'ouvrir les billets, d'en vérifier le nombre, de compter les voix et de déclarer le choix de l'assemblée ;

Que les billets de ce premier scrutin seront déposés par tous les députés successivement, dans le vase placé sur la table au-devant de M Thouron, secrétaire de l'assemblée ; que la vérification en sera faite par ledit secrétaire, assisté des trois plus anciens d'âge dudit Ordre;

Que les trois membres de l'assemblée dudit Ordre qui auront eu le plus de voix seront les trois scrutateurs;

Que lesdits scrutateurs prendront place devant le bureau, au milieu de l'assemblée : qu'ils déposeront d'abord, dans le vase à ce préparé, leur billet d'élection, après quoi tous les électeurs viendront pareillement, l'un après l'autre, déposer ostensiblement leur billet dans ledit vase ;

Que les électeurs ayant repris leurs places, les scrutateurs procèderont d'abord au compte et recensement des billets ; et, si le nombre s'en trouvait supérieur à celui des suffrages existants dans l'assemblée, en comptant ceux qui résultent des procurations, il serait, sur la déclaration des scrutateurs, procédé à l'instant à un nouveau scrutin et les billets de ce premier scrutin seraient incontinent brûlés ;

Que, si le même billet portait plusieurs noms, il serait rejeté sans recommencer le scrutin, qu'il en serait usé de même dans le cas où il se trouverait un ou plusieurs billets qui fussent en blanc ;

Que le nombre des billets étant ainsi constaté, ils seront ouverts, et les voix seront vérifiées par les scrutateurs, à voix basse;

Que la pluralité sera censée acquise par une seule voix au-dessus de la moitié des suffrages de l'assemblée dudit Ordre ;

Que tous ceux qui auront obtenu cette pluralité seront déclarés élus ;

Qu'au défaut de ladite pluralité, on ira une seconde fois au scrutin, dans la forme qui vient d'être prescrite, et, si le choix de l'assemblée n'est pas encore déterminé par la pluralité, les scrutateurs déclareront les deux sujets qui auront le plus réuni de voix : et le seront ceux-là seuls, qui pourront concourir à l'élection qui sera déterminée par le troisième tour de scrutin ; en sorte qu'il ne sera, dans aucun cas, nécessaire de recourir plus de trois fois au scrutin ;

Qu'en cas d'égalité parfaite des suffrages entre les concurrents dans le troisième tour de scrutin, le plus ancien d'âge sera élu ;

Que tous les billets, ainsi que les notes des scrutateurs, seront soigneusement brûlés après chaque tour de scrutin ;

Qu'il sera procédé au scrutin autant de fois qu'il y aura des députés à nommer;

Qu'après l'élection des deux députés pour l'ordre du Clergé, il sera procédé à l'élection des deux députés pour l'ordre de la Noblesse et ensuite à l'élection des quatre députés pour l'ordre du Tiers État, le tout de la manière et dans les formes ci-dessus prescrites.

Et sera, notre présente ordonnance, lue et publiée à l'assemblée et exécutée, nonobstant appel ou opposition.

Fait audit lieu, le jour et an susdits.

(Signé :) Lombard-Taradeau.

L'ordonnance ci-dessus a été à l'instant lue et publiée à l'assemblée par nous, greffier soussigné.

(Signé :) Thouron.

Et, de suite, Mre Cavalier, prévôt de la cathédrale de Fréjus, a requis qu'il lui soit permis de faire lecture à l'assemblée d'une lettre pastorale que Mgr l'Évêque de Fréjus lui a remis (sic), et nous requiert, en même temps, d'en ordonner la transcription dans le présent verbal.

Nous lieutenant général, ouï le procureur du Roi, avons ordonné que la lettre pastorale du Sr Évêque de Fréjus sera lue à l'assemblée, par notre greffier, et enregistrée à la suite de ce verbal.

Fait audit lieu, le jour et an susdits.

(Signé :) Lombard-Taradeau.

La lettre pastorale de Mgr l'Évêque de Fréjus a été à l'instant lue à l'assemblée et de suite enregistrée par nous, greffier soussigné.

(Signé :) Thouron.

TENEUR DE LA LETTRE PASTORALE

Lettre pastorale de Mgr l'Évêque de Fréjus au Clergé séculier et régulier, assemblé en la ville de Draguignan, pour la députation aux États Généraux du Royaume.

« Dieu qui m'a accordé, mes chers enfants, la consolation de croire que j'ai gravé dans votre cœur, bien mieux encore que dans votre esprit et dans celui de tous les citoyens, mon entier dévouement au bonheur public et au soulagement du peuple, me dicte la douce satisfaction de vous renouveler les sentiments dont la religion, la justice et la sensibilité m'ont inspiré les expressions et l'inaltérable vérité.

« La nécessité me prive du bonheur de m'acquitter moi-même de ce devoir une seconde fois. Recevez le vœu constant d'ajouter aux liens surnaturels qui m'attachent à tous mes diocésains, en général, et, en particulier, celui d'un intérêt inséparable de moi-même. Je ne me réserve que le droit d'être le premier citoyen dans l'ordre civil, comme je le suis dans l'ordre de la religion.

« Et vous, ministres des saints autels, mes coopérateurs de tous les ordres ecclésiastiques, croyez que mon cœur est toujours auprès de vous, que les pasteurs utiles et souffrants sont avec raison les premiers objets de ma sollicitude paternelle ; qu'animé par la religion et la charité dont Jésus-Christ nous a donné de si grands exemples, je veillerai sans cesse, avec sa grâce, à votre intérêt, à la paix qui surpasse tout sentiment et à votre bonheur commun.

« Pénétrés de cette justice, que vous me devez, j'ose le dire, suivez-en les impressions, n'ayez dans vos résolutions d'autre objet que la religion sainte que nous professons, la gloire de Dieu, l'amour pour le Roi et les vues saintes et justes qui sont les seules bases solides de la soumission, de votre bonheur, et de celui de la Patrie.

« (Signé :) † Em.-Fr. évêque de Fréjus. »

Et, de suite, ledit sieur Cavalier, prévôt, a dit qu'il déclarait ne pouvoir regarder comme libre une élection où, par la pluralité des suffrages qui lui sont accordés, une classe de l'ordre ecclesiastique a seule l'influence prépondérante qui devrait se balancer entre toutes les classes du même Ordre ; déclarant encore que MM. les curés congruistes ne peuvent être regardés comme représentants les autres classes du clergé dont les intérêts sont avec les leurs en opposition contradictoire ; que, ne pouvant être grevés de l'impôt, ils ne peuvent le voter ; se rapportant, sur les autres articles, à ce qui a été demandé par les chapitres et autres décimateurs dans l'article de leur doléance.

(Signé :) Cavalier, prévôt.

Les soussignés ont adhéré à la déclaration ci-dessus.

(Signé :) Montgrand, pour M. le prieur de la Moure ; Montgrand, prévôt d'Aups ; Lombard, chanoine.

Les curés des Sénéchaussées de Draguignan, Grasse et Castellane et l'ordre du Tiers État, dont les intérêts sont absolument liés avec les ministres du second Ordre, ne peuvent se dispenser d'exprimer leurs vœux sur la déclaration faite par Mre Cavalier, prévôt de l'église de Fréjus ; ils la regardent comme une insurrection contraire aux volontés du Souverain et formant une vraie scission avec le corps national. La représentation des curés, ministres plus essentiels à la religion et au peuple que ne le sont les chapitres et les décimateurs, est le résultat de la justice et de l'équité ; ils payent les impositions royales et locales, soit en leur qualité de bénéficiers, soit comme propriétaires. C'est donc outrager la loi et s'opposer aux intentions bienfaisantes du législateur, que de contrarier le cours ordinaire des opérations qui sont si chères à son cœur paternel et si précieuses à l'État.

Et trois curés, dont un de chaque Sénéchauesée, ont signé, ainsi que trois membres du Tiers État, dans la même proportion, pour les deux Ordres.

(Signé :) Mougins-Roquefort, curé de Grasse, pour tous les curés de la Sénéchaussée de Grasse ; Laurensy, pour tous les curés de la Sénéchaussée de Castellane ; Raynaud, curé d'Ampus, pour tous les curés de la Sénéchaussée de Draguignan ; Jordany, maire de Draguignan, pour les députés de notre Sénéchaussée ; Mougins-Roquefort, maire de Grasse, pour les députés de la Sénéchaussée ; Lieutaud, maire de Castellane, pour les députés de la Sénéchaussée.

Messieurs de la Noblesse déclarent ne prendre aucune part aux contestations qui s'élèvent entre l'ordre du Clergé et celui du Tiers État, ne formant d'autre vœu que pour le bien du Royaume et désirant se conformer aux volontés du Roi.

(Signé :) Le chevalier de Perrache d'Ampus, président ; Héraud, secrétaire.

Nous, lieutenant général, ouï le procureur du Roi, avons concédé acte de toutes les déclarations ci-dessus et ordonné qu'il sera procédé tout de suite à la nomination des scrutateurs de l'ordre du Clergé et aux opérations ultérieures prescrites par notre première ordonnance.

Fait à Draguignan, lesdits jour et an susdits.

(Signé :) Lombard-Taradeau.

L'ordonnance ci-dessus a été à l'instant lue à l'assemblée par nous, greffier soussigné.

(Signé :) Thouron.

En exécution de l'ordonnance ci-dessus, il a été d'abord procédé, pour l'ordre du Clergé, au premier scrutin pour le choix de trois scrutateurs ; et, MM. le curé de Vence, le prieur de Castellane et le curé de Comps ayant réuni le plus de suffrages, ils ont été déclarés scrutateurs

Lesdits sieurs scrutateurs ayant pris place devant le bureau, au milieu de la salle de l'assemblée, il a été procédé, par la voie du scrutin, à l'élection des deux députés de l'ordre du Clergé ; et par l'évènement dudit scrutin, MM. Antoine-Boniface Mougins de Roquefort, premier curé de Grasse, et Alexandre Gardiol, curé de Callian, ont été déclarés députés aux États Généraux.

Il a été ensuite procédé, dans la forme ci-dessus prescrite, au choix de trois scrutateurs pour l'ordre de la Noblesse ; et les sieurs marquis de Trans, de Ville-neuve-Bargemon et de Perrot du Bourguet ayant réuni le plus de suffrages, ils ont été déclarés scrutateurs.

Lesdits sieurs scrutateurs ayant pris leur place de-vant le bureau, au milieu de la salle de l'assemblée, il a été procédé, par la voie du scrutin, à l'élection des deux députés pour l'ordre de la Noblesse ; et, par l'évè-nement dudit scrutin, MM. Jean-François, vicomte de de Raffelis-Brovès, colonel d'infanterie, ancien lieute-nant pour le Roi d'Aiguemortes, chevalier de St-Louis, et Joseph marquis de Villeneuve-Bargemon, seigneur de Saint-Auban, ont été déclarés députés aux États Généraux.

Attendu l'absence des députés ci-dessus nommés, il a été tout de suite procédé au scrutin, et dans la même forme que dessus, au choix d'un député suppléant pour M. de Brovès, en cas que quelque raison l'empêche de remplir la députation ; et, par l'évènement du scrutin, M. Jean-Charles-François d'Autane, seigneur d'Al-lons et de Sausses, a été déclaré suppléant,

Il a été ensuite procédé, en la même forme, au scru-tin, à la nomination d'un suppléant pour remplacer M. de Villeneuve-Bargemon, fils, seigneur de Saint-Auban ; et, par l'évènement du scrutin, M. Louis-Jean-Baptiste comte de Leclerc de Lassigny, a été nommé suppléant.

Il a été ensuite procédé, dans la même forme que dessus, au choix des trois scrutateurs pour l'ordre du Tiers État ; et, par l'évènement du scrutin, les sieurs Honoré Muraire, de cette ville, avocat en la cour, Louis Luce et Maximin Isnard, de la ville de Grasse, ayant réuni le plus de suffrages, ils ont été déclarés scrutateurs.

Lesdits sieurs scrutateurs ont pris place devant le bureau, au milieu de la salle ; il a été tout de suite procédé, par la voie du scrutin, à l'élection des quatre députés pour l'ordre du Tiers État ; et, par l'évènement du scrutin, il a été élu :

MM. Jacques-Athanase de Lombard, seigneur de Taradeau, lieutenant général de la Sénéchaussée de cette ville, président de l'assemblée ; Jean-Joseph Mougins, seigneur de Roquefort, maire, premier consul de la ville de Grasse, avocat en la cour ; Verdollin, de la ville d'Annot, avocat en la cour, et Barthélemy Sieyès, de la ville de Fréjus, avocat en la cour, pour députés aux États Généraux.

Attendu l'absence de M. Verdollin, il a été procédé, en la même forme que dessus, au choix d'un suppléant pour le remplacer, si quelque raison l'empêchait d'accepter la députation ; et, par l'évènement du scrutin, M. Balthasar Lieutaud, maire de Castellane, a été nommé suppléant.

Ces opérations finies, nous dit lieutenant général

avons délivré auxdits députés les cahiers de doléances dûment cotés, signés et paraphés *ne varietur*, arrêtés dans les assemblées de chaque ressort, par les Ordres qu'ils représentent, déclarant que le Sr Gardiol, curé de Callian, est porteur des cahiers de l'ordre du Clergé; M. le comte de Leclerc de Lassigny, des cahiers de l'ordre de la Noblesse et, que nous nous chargions de porter les cahiers du Tiers État des trois Sénéchaussées réunies.

Ordonnons qu'il sera en outre remis auxdits députés un extrait en forme des procès-verbaux des assemblées de chaque ressort, pour être, par eux, déposé au secrétariat de leurs Ordres respectifs aux États Généraux.

Et, de même suite, tous lesdits députés présents et acceptants, nous compris, avons prêté le serment requis, à la manière accoutumée, et l'assemblée générale des trois ressorts, ici réunie, a délibéré de donner, comme elle donne, à tous lesdits députés, tous les pouvoirs généraux et suffisants pour proposer, remontrer, aviser et consentir tout ce qui peut concerner les besoins de l'État, la réforme des abus, l'établissement d'un ordre fixe et durable dans toutes les parties de l'administration, la prospérité générale du royaume, et le bien de tous et un chacun les sujets du Roi.

Et, de tout ce que dessus, nous avons dressé le présent procès-verbal. Lecture faite, nous nous sommes soussigné avec le procureur du Roi, notre greffier et tous les membres des trois Ordres formant la présente assemblée.

(Signé :) Le marquis de Villeneuve-Trans ; Bayon, bénéficier ; Vial, curé de Vence ; Myttre, curé, électeur ; Revel, chanoine, sacristain-curé ; Laurensy, pr. curé ; Montgrand, prévôt d'Aups ; Maurel, prieur ; Dedoue, curé ; Lombard, chanoine ; Glaize, prieur-curé ; Cavalier, prévôt ; Martiny, pr. curé ; Giraud, curé ; Régis, curé ; Cresp, curé ; Broquier, curé ; Fr. Pons, prieur des Augustins ; Mane, prieur ; Gras, curé de la Roque ; Mougins-Roquefort, curé de Grasse ; Fr. Abram, prieur des Prêcheurs ; Poësy, curé de Glandevès ; Engelfred, prieur-curé de Moriez ; Gardiol, curé de Callian ; Raynaud, curé d'Ampus ; le comte de Leclerc de Lassigny ; Riouffe ; de Riouffe ; Court d'Esclapon ; le chevalier de Riouffe ; le chevalier de Perrache d'Ampus, président de l'ordre de la Noblesse; Perrot du Bourguet ; Raimondis, capitaine de vaisseau; Collomp-Seillans ; D'Ampus ; D'Aillaud-Méouille ; Villeneuve-Vauclause-Bargemon ; Héraud ; d'Autane ; Raybaud-Favas ; Giraud d'Agay ; Chailan ; Sermet ; de Brun de Favas ; Giraud d'Agay, pour mon frère ; Euzière de la Valette ; Béroard ; Collomp ; Maximin Isnard ; Hibert ; Garnier, fils ; Pierrugues, docteur ; Arbaud ; Digne ; Maria ; Bérenger ; Muraire ; Olivier ; Gras du Bourguet ; Lieutaud, maire ; Meifred ; Roccas; Truc ; Perreymond ; Martin-Roquebrune ; Gras ; Bernard ; Jean ; Cauvin ; Blacas ; Bonnet ; Rémy ; Juglard; Reverdit ; Roubaud d'Antelmy ; Savournin ; Gazagnaire ; Mandine ; Sauvan ; Maurel ; Bérenger ; Bonafous ; Maximin Isnard, cadet ; Raibaud ; Sieyès ; Barbery ; Pascalis ; Poulle ; L. Luce ; Boyer, médecin ;

Marie, docteur médecin ; Bernard ; Mougins-Roquefort ; Lombard-Taradeau, lieutenant général ; Laplane,
procureur du Roi ; Thouron, greffier, secrétaire.
(Archives départementales du Var, série B, fonds de la
Sénéchaussée de Draguignan.)

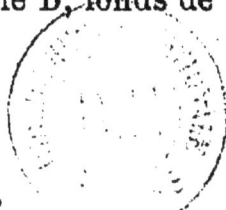

TABLE DES MATIÈRES

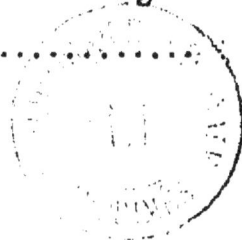

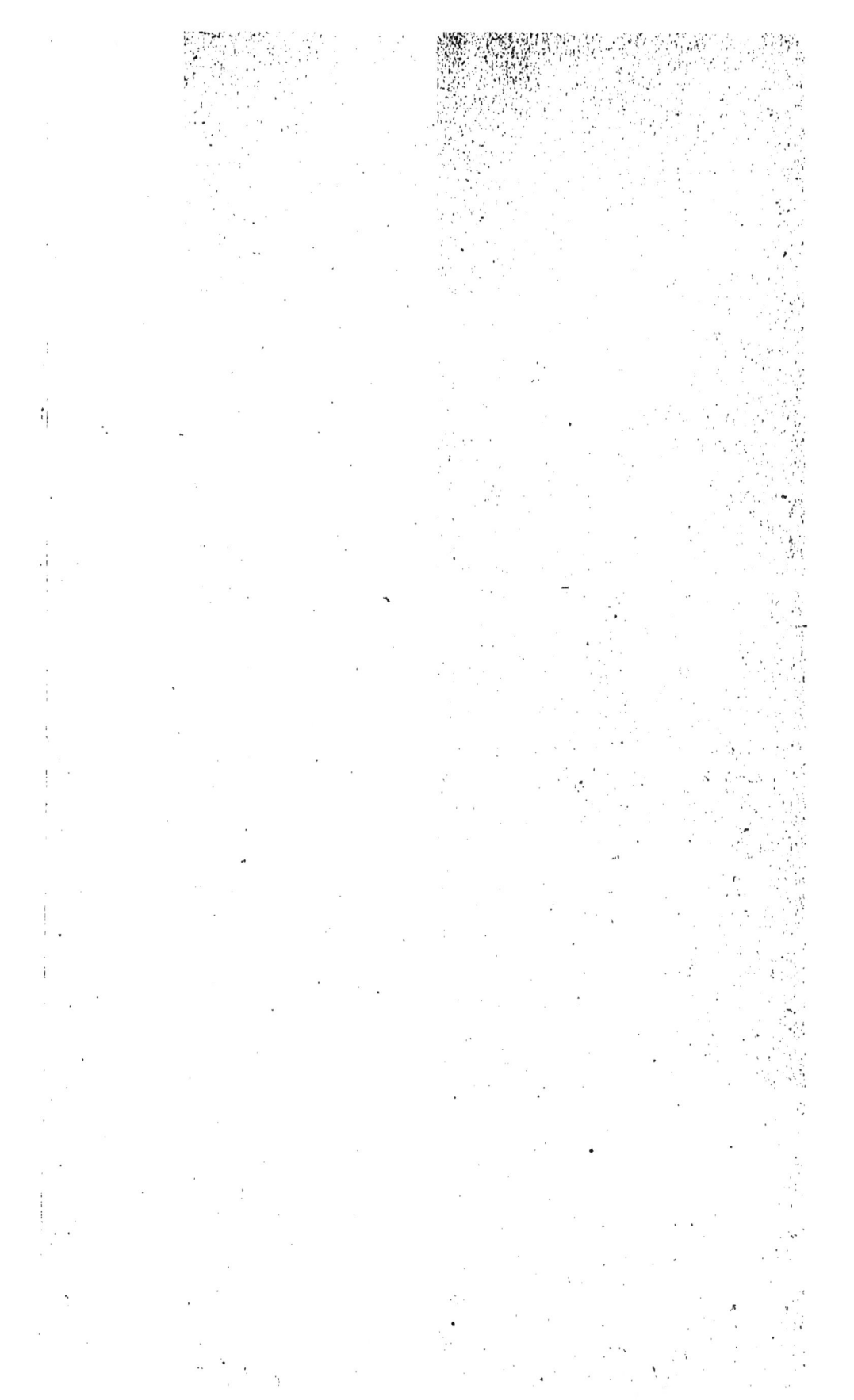

O et R

www.ingramcontent.com/pod-product-compliance
Lightning Source LLC
Chambersburg PA
CBHW062226270326
41930CB00009B/1880